Michael Drabe

Schule in der digitalen Welt

Unterrichtsentwicklung

Ein Praxisheft für Lehrkräfte

Band 1

 Auer

Gedruckt auf umweltbewusst gefertigtem, chlorfrei gebleichtem und alterungsbeständigem Papier.

1. Auflage 2020
© 2020 Auer Verlag, Augsburg
AAP Lehrerwelt GmbH
Alle Rechte vorbehalten.

Coverfoto: gonin/Shutterstock.com; xie chengxin/Shutterstock.com
Covergestaltung: Daniel Fischer Grafikdesign, München
Satz: tebitron gmbh, Gerlingen
Druck und Bindung: Korrekt Nyomdaipari Kft, Budapest
ISBN 978-3-403-**08199**-9
www.auer-verlag.de

Inhaltsverzeichnis

„Wir haben schon vor vierzig Jahren nach Konzepten im Umgang mit heterogenen Lerngruppen gesucht und nichts gefunden, wieso sollten wir heute erfolgreicher sein?" (SCHULLEITERIN EINER INTEGRIERTEN GESAMTSCHULE)

„Schlechter Unterricht wird durch neue Medien nicht besser, Unterricht mit neuen Medien muss nicht zwangsläufig gut sein."[1] (PROF. AUFENANGER, UNI MAINZ)

Vorwort

Die beiden o. g. Zitate deuten an, worum es in diesem Buch gehen wird: um die Weiterentwicklung des Unterrichts. Zum einen werden die Ausführungen in diesem Buch Antworten darauf geben, wie auf die immer größer werdenden Unterschiede in den Lerngruppen reagiert werden kann. Zum anderen werden Ideen vorgestellt, wie die Lehrkräfte dem immer häufiger anzutreffenden öffentlichen Druck, den digitalen Medien im täglichen Unterrichtsgeschehen mehr Raum zu geben, begegnen können.

Das Buch versucht, eine Brücke zwischen diesen beiden Herausforderungen zu bilden. Dabei spielt der Kompetenzbegriff eine sehr zentrale Rolle. Das Buch geht im Kontext zu „gutem Unterricht" vor allem der Frage nach, was einen „kompetenzorientierten Unterricht" auszeichnet. Das folgende Bild lädt Kollegien und Fachkräfte ein, über Methoden und Inhalte des eigenen Unterrichts nachzudenken.

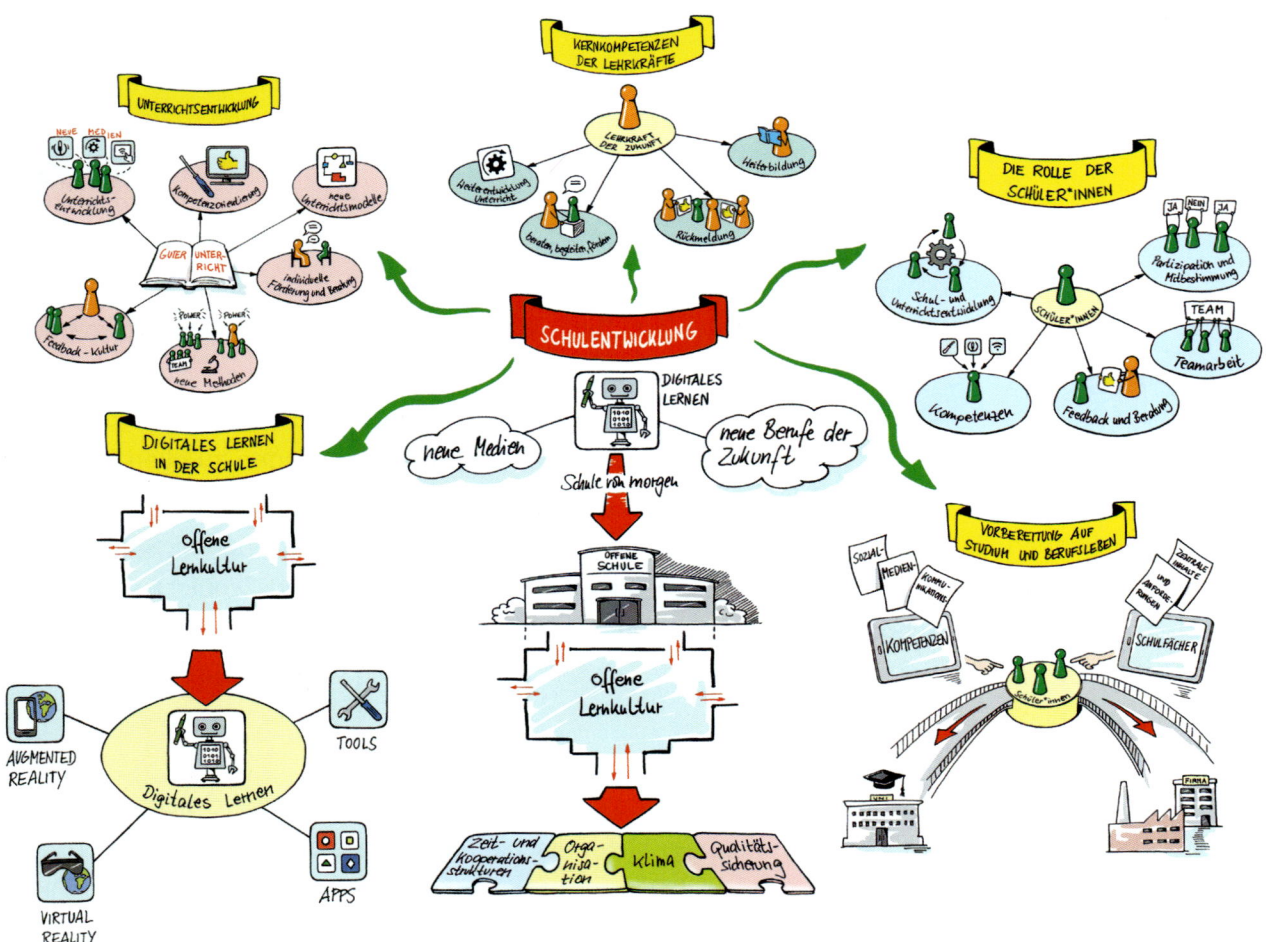

---

[1] https://www.zeit.de/2012/37/Schule-Digitale-Medien-Unterricht/seite-2. (Aufruf: 12.2.19).

[2] Kompetenzorientiertes Lernen gestalten. Flyer zum Dialogbild des Landesinstituts für Lehrerbildung und Schulentwicklung Hamburg. 2009.

Das Bild gibt Hinweise darauf, aus welchen Facetten sich guter Unterricht zusammensetzen kann. Die empirische Schulforschung zeigt, dass der Unterricht in deutschen Klassenzimmern oft lehrerzentriert ist. Es wird häufig über Gegenstände geredet, aber nicht im handlungsorientierten Umgang mit den Gegenständen gelernt. Oft wird Unterricht stark vom Fachinhalt („Goethe") her entwickelt, im Mittelpunkt steht die Fachsystematik. Die klassische, aber nicht sehr erfolgreiche Form dieses Unterrichts ist mit einem empirisch nachgewiesenen Anteil von 80 Prozent das „fragend-entwickelnde Gespräch", das sich durch eine hohe Lehrkräfteaktivität und durch eine geringe unterrichtsbezogene Schüleraktivität auszeichnet. Kompetenzorientierter Unterricht zielt demgegenüber auf eine Steigerung der Schüleraktivität ab. Nachhaltiges Lernen ist ein aktiver Prozess.

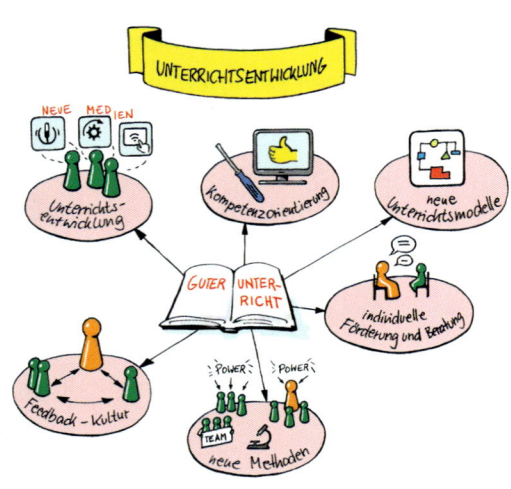

Auf weitere Einzelheiten des Bilds wird in den nächsten Kapiteln noch eingegangen werden. Dieser Band 1 der Buchreihe „Schule in der digitalen Welt" soll darüber hinaus auch dafür sorgen, die Zahl der Lehrkräfte verringern zu helfen, die den Einsatz digitaler Medien ausschließlich in einer Whiteboard-gestützten PowerPoint®-Präsentation sehen, *„damit ihren Frontalunterricht durchziehen, hier und da einmal klick machen und sich selbst so gefesselt von der Technik sehen, dass sie die Reaktionen der Klasse kaum mitbekommen haben"*[3].

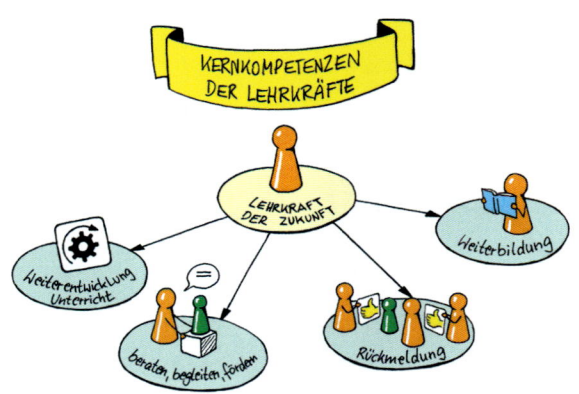

Es geht in diesem Band vor allem um die Kernkompetenz der Lehrkräfte, guten Unterricht weiterzuentwickeln, auch bei der Nutzung digitaler Tools. Es geht darum, individuelle Förderung über eine innere Binnendifferenzierung zu ermöglichen. Dem wird im Kapitel 6 mit dem sogenannten Prozessmodell Rechnung getragen. Vorgestellt wird eine „Unterrichtsfolie", die aus dem Kontext kompetenzorientierten Unterrichtens entstanden ist, um eine innere Binnendifferenzierung zu ermöglichen. Das Modell ist erprobt und findet in den Leitfäden zu allen Fächern der hessischen Kerncurricula seine Berücksichtigung. Auch ich habe viele Jahre nach diesem Konzept gearbeitet und feststellen können, dass ich nicht nur der Schülerindividualität deutlich mehr habe Rechnung tragen können (vor allem auch bei der Unterstützung der lernstarken Schülerinnen und Schüler), sondern auch im Unterrichtsgeschehen zunehmend entspannter wurde, weil ich Zeiträume einrichten konnte, die Schülerinnen und Schüler individuell zu beraten und mich dabei nicht getrieben sah, fortlaufend Inputs vor der gesamten Lerngruppe zu geben.

Das Prozessmodell hängt nicht von der Nutzung digitaler Werkzeuge ab, aber – so wird sich zeigen – kann davon profitieren. Jede Lehrkraft kann und soll für sich entscheiden, wie sie das Modell authentisch und sinnvoll umsetzen kann. Und erst dann, wenn die Lehrkraft eine Ahnung von den Möglichkeiten eines Einsatzes digitaler Medien im eigenen Unterricht hat, kann der nächste Schritt eingeleitet werden: Aus dem guten Unterricht wird mittels Schul- und Unterrichtsentwicklungsprozessen eine gute Schule.

---

³ https://www.zeit.de/2012/37/Schule-Digitale-Medien-Unterricht/seite-2. (Aufruf: 12.2.19).

Die gute Nachricht: Sie werden viele Praxisbeispiele kennenlernen. Vor allem auch solche, die den Unterricht durch die Nutzung digitaler Medien weiterentwickeln helfen. Die (möglicherweise) schlechte Nachricht: Es benötigt (Unterrichts-)Zeit, den Umgang mit den Modellen zu lernen. Der Wunsch nach schnellen Erfolgskonzepten oder Patentrezepten wird also nicht erfüllt. Denn: Auch wenn ein unterrichtliches Konzept in der einen Lerngruppe gut funktioniert haben mag, kann es in einer anderen Lerngruppe zu Problemen kommen. Ich selbst habe einmal eine digitale Lernplattform eingeführt (dazu mehr in Kapitel 7). Die Schülerinnen und Schüler haben das Angebot sehr stark genutzt und mir in Rückmeldungen bestätigt, dass das Angebot sie gut unterstützt hätte. Nur ein Jahr später, in einer Lerngruppe des gleichen Jahrgangs in demselben Fach (Mathematik), musste ich zur Kenntnis nehmen, dass das Angebot kein Selbstläufer war. Im Vergleich dieser beiden Lerngruppen hatte ich schlicht die unterschiedlichen Voraussetzungen unterschätzt. Darüber hinaus bekam ich es bei dem Prozessmodell mit einem Lehr- und Lernmodell zu tun, das mir gänzlich unbekannt war. Es benötigte vor allem Zeit und (Eigen-)Erfahrung, einen für mich und meine Schülerinnen und Schüler sinnvollen Weg zu finden.

Dieser Band wird im Printformat den Versuch unternehmen, analog und digital zusammenzuführen und dabei um eine erweiterte Darstellung unter www.schule-in-der-digitalen-welt.de ergänzt. Stichworte wie „Guter Unterricht", „Kompetenzorientierung", „Lehr-Lernkonzepte" werden hier – im Buch – wie dort – auf meiner Plattform – aufgegriffen. Das digitale Angebot dient insbesondere der Möglichkeit einer Vertiefung und darüber hinaus der Bereitstellung einiger Materialien zur weiteren, eigenen Nutzung. Dort werden dann z.B. auch solche Beiträge anmoderiert, die Lehrkräfte mit ihren Ideen vorstellen, digitale Medien einzusetzen.[4]

Warum setzt sich die Reihe „Schule in der digitalen Welt" aus drei Büchern zusammen? Zunächst lassen sich die drei Bände unabhängig voneinander lesen. Sie zielen auf unterschiedliche Fragestellungen und damit Zielgruppen ab: Dieser Band 1 richtet sich an Lehrkräfte. Er verfolgt das Ziel, den Lehrkräften zu vermitteln, wie man den eigenen Unterricht weiterentwickeln kann. Auch unter Nutzung digitaler Medien. Er stellt relevante Forschungsergebnisse vor und verbindet sie mit vielen unterrichtsnahen Praxishinweisen. Es geht nicht um Schulentwicklung (das wird in Band 2 thematisiert) und nicht um die Einführung in Apps oder unterrichtliche Ideen für Projektarbeit, AG-Angebote o. Ä. (dies wird im Band 3 ausführlich dargestellt).

Der Band 2 richtet sich somit an eine Schulleitung bzw. an eine mit Schul- und Unterrichtsentwicklung beauftragte Steuergruppe, die sich unter „Schule 4.0" mit der Fragestellung befasst: Wie kann Schule den Herausforderungen einer sich zunehmend digitalisierenden Berufswelt gerecht werden? Der Band 1 soll dafür eine Voraussetzung schaffen, denn ich bin davon überzeugt, dass sich mit Vorwissen informierte Lehrkräfte eher auf die spannende Reise in die digitale Schulwelt einlassen werden.

Im Band 3 werden Konzepte vorgestellt, die Unterrichtsprozesse und -angebote beschreiben, die im Wesentlichen nur mit digitalen Medien denkbar sind. Stichworte sind hier digitale Lernumgebungen, Blogs, Wikis, Augmented Reality, Raspberry Pi® u.v.m., die zwar auch in den ersten beiden Bänden thematisiert werden, jedoch eher in Form eines „Überblickgebens", nicht in Form eines konkretisierenden Umsetzungsvorschlags. Der Band 3 stellt somit Tools (Apps) vor und gibt Tipps, wie man die im Kapitel 7 vorgestellten und digitale Medien nutzenden Konzepte konkret umsetzen kann. Darüber hinaus kann dieser Band 3 helfen, Ganztagsangebote sowie Fortbildungsinhalte zu identifizieren, die vor allem im Kontext zum Einsatz digitaler Medien Sinn machen.

---

4 https://www.joeran.de/digitalisierung-fuer-individuelle-foerderung/. (Aufruf: 12.2.19).

> *„Wir brauchen Lehrer, die Unterricht nicht als Monolog sehen, sondern als Dialog, die immer und immer wieder im Schüler etwas suchen, wovon keiner etwas weiß und woran schon keiner mehr glaubt, die mit Leidenschaft und Kompetenz von ihrem Wissen, aber auch ihrem Leben erzählen."[5]*
>
> (JOHN HATTIE, BILDUNGSFORSCHER)

Kapitel 1 – Einführung

Was Sie in diesem Abschnitt erwartet:

- Die größte Herausforderung für die Lehrkräfte ist der Umgang mit heterogenen Lerngruppen und die Frage, wie sich der Unterricht verbessern lässt.
- Eine neue Herausforderung ist der Umgang mit den digitalen Medien. In diesem Abschnitt werden Beispiele vorgestellt, wie sich Schulen im Ausland dieser Aufgabe stellen.

Lehrkräfte im Umgang mit heterogenen Lerngruppen

Unbestritten: Unter den Lehrkräften gilt der Umgang mit Inklusion, mit Integration von Flüchtlingskindern und -jugendlichen und mit der – nicht nur wegen Inklusion oder Integration – großen Unterschiedlichkeit der Lerngruppen als größte Herausforderung. Daher war es nicht verwunderlich, dass sich die Bildungsmesse Didacta im Jahr 2018 dieses Themas angenommen hat. Im Didacta-Magazin[6] mit der Titelüberschrift „Wie's hängen bleibt. Tipps für guten Unterricht" des ersten Halbjahres 2018 kommen prominente Wissenschaftler zu Wort. Hier einige Auszüge:

Frank Lipowski: *„Eine Herausforderung besteht sicher in der Heterogenität vieler Klassen. Die Schülerinnen und Schüler unterscheiden sich erheblich in ihren Lernvoraussetzungen. Daraus erwachsen anspruchsvolle Aufgaben für Lehrpersonen, wenn es zum Beispiel darum geht, den Unterricht adaptiver zu gestalten. (…) Für jeden Schüler das passende Lernangebot zu schaffen ist aus meiner Sicht utopisch, denn das ist bei 20 bis 28 Schülern in der Klasse schlicht nicht leistbar. Realistisch ist dagegen, dass differenzierte Lernangebote für Gruppen von Schülern gestaltet werden. Man könnte den Schluss ziehen, dass die einzige sinnvolle Möglichkeit des Umgangs mit Vielfalt in einer Individualisierung des Unterrichts bestehe. Dies verkennt jedoch, dass Schüler auch von kooperativen Unterrichtsformen und von einem lehrergelenkten Unterricht profitieren. Insbesondere Lernende mit ungünstigen Lernvoraussetzungen bringen häufig nicht die kognitiven und motivationalen Voraussetzungen mit, Angebote in einem individualisierenden Unterricht für das eigene Weiterlernen zu nutzen. Diese Lernenden bedürfen in einem solchen individualisierten Unterricht daher besonderer Unterstützung."[7]*

Und gefragt nach einem Tipp, wie Lehrkräfte ihren Unterricht mit einfachen Mitteln verbessern können: *„Unterricht ist aus meiner Sicht zu komplex, als dass es einfache Mittel für seine Verbesserung geben könnte. Eine basale Voraussetzung ist, dass sich Lehrpersonen als Weiterlernende begreifen, sich austauschen, Feedback von Kollegen und Schülern einholen und sich auch damit auseinandersetzen, was die Forschung diskutiert und herausgefunden hat. Wichtig ist auch, dass Lehrkräfte an der Entwicklung ihrer Schüler interessiert sind, dass sie sich hierfür verantwortlich fühlen und versuchen, ihre Lernprozesse, -wege und -schwierigkeiten nachzuvollziehen. Eine wichtige Voraussetzung für eine solche kognitive Empathie ist, gute Fragen zu stellen, mit denen man Vorstellungen und Ideen von Lernenden zu Tage fördern kann. Damit wären wir wieder bei Hattie: ,Das Lernen sichtbar machen.'"[8]*

---

[5] Hattie, J.: Lernen sichtbar machen. Schneider Verlag GmbH 2014.
[6] http://www.avr-emags.de/emags/didacta/didacta_1_2018/#0. (Aufruf: 12.2.19).
[7] Ebd. S. 6f.
[8] Ebd. S. 7.

Klieme ergänzt an einer anderen Stelle (zu der Frage: „Wie kann guter Unterricht mit der immer größer werdenden Schüler-Heterogenität gelingen? Schafft es ein guter Lehrer tatsächlich, jedem Kind gerecht zu werden?"):

- „*In dieser Situation kommt es darauf an, innerhalb der Klasse zu differenzieren. Im Extremfall arbeiten Schülerinnen und Schüler – etwa im Rahmen eines Wochenplans – nach individuell abgestimmten Zielen mit Unterrichtsmaterialien an Aufgaben oder Lernstationen. Die Lernentwicklung wird dann von der Lehrkraft begleitet, in Portfolios und Kompetenzrastern festgehalten. (…)*

- *Bei zu großen Wissens- und Kompetenzunterschieden kann es erforderlich sein, zusätzlich Trainingsangebote zu machen, was – bei begrenzten Ressourcen – nur über eine sehr gute Planung auf Jahrgangs- oder Schulebene geht. Ich bin immer wieder beeindruckt davon, wie kreativ Schulen mit Lernzeiten und Selbstlern-Zentren, Team-Kleingruppen-Modellen, Mentoren-Programmen, flexiblem Einsatz von Integrationshelfern und Sonderpädagogen und kluger Nutzung des Ganztags arbeiten. (…)*

- *So lange (die Lehrkräfte) die Heterogenität als Einzelkämpfer hinter der verschlossenen Tür ihres Klassenraums bewältigen müssen, sind auch die besten Lehrkräfte überfordert. Differenzierung, Individualisierung und ‚adaptives' Unterrichten fallen leichter, wenn man sich austauschen, klassenübergreifend Methoden entwickeln, Beratung geben und nehmen kann. Außerdem ist es wichtig, den individuellen Stand des Lernens regelmäßig – ohne Benotungszwang – zu diagnostizieren. Der Zusatzaufwand für Kooperation und Diagnostik wird nach einiger Zeit aufgefangen durch mehr Stabilität und Sicherheit im Umgang mit Heterogenität.*"[9]

Marcus Pietsch beschäftigt sich in einem Beitrag der GEW ebenfalls mit dem Thema „Guter Unterricht" und hat als lernförderliche Gelingensbedingungen vor allem *„tiefenstrukturelle Merkmale des Unterrichts – und weniger Oberflächenmerkmale, wie z.B. bestimmte Lehrmethoden oder Sozialformen – (identifiziert), die zu einer Verbesserung von Lernergebnissen von Schülerinnen und Schülern beitragen. Unterrichtsmerkmale, die demnach einen besonders positiven Einfluss auf die Lernentwicklung von Schülerinnen und Schülern haben, sind z.B. regelmäßiges Feedback oder selbstreguliertes Lernen. (…) In einem auf das Individuum ausgerichteten Unterricht ist es besonders wichtig, dass Lehrkräfte die Lernziele klar benennen, eine regelmäßige formative Evaluation der Lernstände und Lernfortschritte sicherstellen und den Schülerinnen und Schülern hierzu fundierte Rückmeldungen geben. Erst dann also, wenn solche tiefenstrukturellen Merkmale des Unterrichtens orchestriert eingesetzt werden, (…) kann individualisiertes Unterrichten die beabsichtigten Effekte nach sich ziehen.*"[10]

Oberflächenstruktur – Tiefenstruktur

Kerstin Tschekan, eine Fortbildnerin aus Schleswig-Holstein, stellt die beiden Strukturen gegenüber und schreibt: *„Die Strukturierung des Unterrichts erfolgt nicht nur zu Beginn einer Unterrichtsstunde bzw. Unterrichtseinheit, sondern sie ist der rote Faden, der im Unterricht bis zum Ende immer wieder aufgenommen wird. Eine Stunde endet in der Oberflächenstruktur z.B. mit einer Zusammenfassung durch die Lehrperson oder einen Schüler. In der Tiefenstruktur – also in Unterrichtsarrangements, bei der zuerst die Perspektive auf das Lernen und von dort ausgehend auf das Lehren gerichtet ist, reflektiert als Abschluss der Stunde jeder Schüler und jede Schülerin ihr eigenes Lernergebnis und den damit verbundenen Lernprozess.*"[11]

[9] Ebd. S. 15.

[10] https://www.gew-bw.de/aktuelles/detailseite/neuigkeiten/was-guten-unterricht-kennzeichnet/. (Aufruf: 12.2.19).

[11] Tschekan, K.: Kompetenzorientiert unterrichten. In: Rolff, H.G. (Hrsg.): Handbuch Unterrichtsentwicklung. Beltz-Verlag 2015.

Zusammenfassung

Studien der letzten Jahre haben deutlich gemacht, dass die meisten Merkmale, die zu einem effektiven Unterricht führen, sich in drei basale Bereiche (auch Basisdimensionen genannt) zusammenfassen lassen:

- Klassenmanagement,
- schülerorientiertes, unterstützendes Unterrichtsklima sowie
- kognitive Aktivierung.

Ein gelingender Unterricht ist entsprechend dadurch charakterisiert, dass

- die zur Verfügung stehende Lernzeit möglichst effizient und störungsfrei genutzt wird,
- die Lehrkraft Schülerinnen und Schüler beim aktiven Lernen konstruktiv unterstützt und
- Schülerinnen und Schüler Arbeitsaufträge erhalten, die sie zum Nachdenken und der aktiven mentalen Auseinandersetzung mit den jeweiligen Unterrichtsgegenständen anregen.

Oberflächenstrukturen beziehen sich auf alle Unterrichtsmerkmale, die auch Außenstehenden durch Beobachtung leicht zugänglich sind (Beispiele: Organisationsmerkmale des Unterrichts, Unterrichtsmethoden, Sozialformen). Tiefenstrukturen beziehen sich auf die Qualität der Auseinandersetzung der Lernenden mit den Lerninhalten und die Qualität der Interaktionen zwischen den handelnden Personen (Beispiele: Umgang mit Lernzeit und Störungen („Classroom Management"), Grad der kognitiven Anregung, Intensität der inhaltlichen Auseinandersetzung, individuelle Förderung und Unterstützung, Qualität der Rückmeldungen). Die Oberflächenstrukturen und die Qualität der Tiefenstrukturen variieren weitgehend unabhängig voneinander. Während die Sichtstrukturen einen Rahmen für die Unterrichtsgestaltung vorgeben, sind die Tiefenstrukturen wesentlich entscheidender, wenn es darum geht, die Lernerfolge der Schüler zu erklären.[12]

Das in Kapitel 6 vorgestellte Lehr-Lernkonzept (Prozessmodell) wird diese Gelingensbedingungen aufgreifen und Ideen vorstellen, wie diese Unterrichtsfolie dem Individuum der Schülerin und des Schülers gerecht werden kann. Dabei bleibt die immer wieder geforderte „Pädagogische Freiheit" unberührt. Genau diese Autonomie benötigt es, authentisch zu bleiben. Auch bezüglich der Nutzung digitaler Medien. Das Prozessmodell liefert der Lehrkraft die Spielräume, die es ihr möglich machen, mit Blick auf die eigenen Kompetenzen den sinnvollen Einsatz zu ermöglichen.

Die dort vorgestellten Unterrichtsvorschläge werden deutlich machbarer erscheinen als das, was nun folgt. Gleichwohl lohnt der Blick über die deutschen Grenzen, um eine Vorstellung zu bekommen, wohin sich der Unterricht auch bewegen kann. Es wird eine Schulwelt aus Robotern, Algorithmen, gesteuerten Lehr- und Lernprozessen vorgestellt, die wir sicher in zehn Jahren – in welcher Form auch immer – bei uns in Deutschland vorfinden werden.

Lehrkräfte im Umgang mit digitalen Medien

Eigentlich sind sich laut der aktuellen Studie der Bertelsmann-Stiftung „Monitor Digitale Bildung" Bertelsmann Stiftung (Hrsg.): Monitor Digitale Bildung, Gütersloh 2017) alle einig: Die Schule muss sich den Herausforderungen, wie sie unter dem Stichwort Industrie 4.0 beschrieben sind, stellen. Wie stark sich aber der Unterricht selbst digital verändern soll, darüber wird trefflich gestritten. Diejenigen Lehrkräfte, die im Einsatz digitaler Werkzeuge ein Verbesserungspotenzial für den Lernerfolg der Schülerinnen und Schüler sehen, sind deutlich in der Minderheit. Auf der anderen Seite wird den digitalen Medien mehrheitlich unterstellt, die Attraktivität einer Schule zu steigern. Ein Blick ins Ausland deutet an, wohin die Reise gehen kann:

---

[12] https://li.hamburg.de/contentblob/4138846/e0d6a548046b31802b7570bfb95a8386/data/download-forum-sek-ii-2013-akzente-fuer-einen-lernwirksamen-unterricht.pdf. (Aufruf: 12.2.19).

Roboter als Lehrkraft: Pilotprojekt in Finnland

Elias ist eine Art Hilfslehrer. Der kleine humanoide Roboter versieht seinen Dienst in einer Grundschule in der finnischen Stadt Tampere. Eingesetzt wird er in einem einjährigen Testverfahren – unter anderem beim Sprachunterricht. Elias spricht 23 Sprachen. Die Schülerinnen und Schüler sagen, dass ihnen Elias wirklich hilft. Auch die Lehrkräfte sind offen für solche Ansätze. Was Elias aus Sicht der Kinder auszeichnet: Er meckert nicht, ist nie genervt und wiederholt gegebenenfalls die Aufgabe hundertmal – ganz wie die Kinder „befehlen".[13]

Übrigens: Auch in Deutschland wird ein Roboter bereits als Unterstützungsinstrument in der Lehre eingesetzt, hier (noch) in der Hochschullehre eines Anglisten (Prof. Handke, Universität Marburg). In einem Beitrag der FAZ hält eine Studentin im Lehramt (Englisch, Ethik) es für durchaus möglich, dass Roboter sie eines Tages ihren Job als Lehrerin kosten könnten. Handke selbst glaubt das nicht. *„Während unserer Lebenszeit wird kein einziger Lehrer oder Professor von einem Roboter verdrängt"*, sagt er. Den künstlichen Kollegen Assistenzaufgaben zu geben, sei etwas anderes: *„Das Betreuungsverhältnis zwischen Dozenten und Studenten ist so schlecht, da ist jede Hilfe willkommen."*[14] In eine ähnliche Richtung, nämlich einen Computer als Assistenten zu nutzen, weist ein Beispiel aus den USA.

New York, Highschool, Fachbereich Mathematik[15]

Schulleiter Dominick D'Angelo war über die Mathematikergebnisse seiner Schülerinnen und Schüler frustriert (34 Prozent Asiaten, 28 Prozent Weiße, 24 Prozent Lateinamerikaner und 14 Prozent Schwarze Menschen gehen hier zur Schule, 80 % haben Anspruch auf ein kostenfreies, warmes Mittagessen): Sie lagen bis zu 20 % unter dem Landesdurchschnitt der USA. Er nahm Kontakt mit der Initiative „New Classroom" auf, die ein sogenanntes School-of-One-Konzept kreierte: Jede Schülerin, jeder Schüler bekommt täglich individuell zusammengestellte Aufgaben. Wie geht das? Zunächst haben die Lehrkräfte die ca. 80.000 Lektionen aus Mathematik-Schulbüchern durchforstet und daraus 10.000 herausgefiltert. Die Schülerinnen und Schüler können aus acht Methoden diejenige auswählen, die am besten zu ihnen passt. Das kann für den einen Live-Unterricht sein, für den anderen eine Gruppenarbeit mit anderen Schülerinnen und Schülern oder ein Online-Tutor oder ein Video. Über Nacht werden von einem Server die Tätig- und Fertigkeiten der Schülerinnen und Schüler ausgewertet. Am nächsten Tag erhalten die Schülerinnen und Schüler ein neues, auf ihre Kompetenzstände abgestimmtes Programm. Mittlerweile wird dieses Programm landesweit angeboten. Die Prüfungsergebnisse liegen durchweg über dem Landesdurchschnitt. Und die Schülerinnen und Schüler zeigen sich begeistert: *„Ich bin nicht so schnell, deshalb mag ich am liebsten Virtual Instructions"*, *„Wir sitzen vor dem Computer, haben unsere Kopfhörer auf und schauen uns die Videos an, ohne die anderen damit zu stören. Ich schreibe mir Sachen auf, aber in meinem eigenen Tempo. Ich kann die Pausetaste drücken, wenn ich will"*, einem Dritten gefällt die Gruppenarbeit mit ihren Klassenkameraden am besten. *„Wenn ich etwas nicht verstanden habe, kann ich die Frage noch einmal stellen. Ich habe meine Noten mit ‚School of One' sehr verbessert. Letztes Jahr konnte ich nur ein paar ganz einfache Mathematikaufgaben lösen, heute krieg ich 25 Fragen in einer halben Stunde hin"*, und schließlich ein weiterer Schüler: *„Meine Noten haben sich verbessert, weil ich in meinem eigenen Tempo lerne."*

Und auch die Lehrkräfte zeigen sich begeistert, vor allem wegen des auf die Kompetenzstände der Schülerinnen und Schüler eingehenden Individualansatzes. *„In traditionellen Schulen ist man als Lehrer oft auf sich allein*

[13] Spiegel TV: Screenshot aus „Roboter als Lehrkraft" 6.4.2018, https://www.youtube.com/watch?v=783tLgLbtcg. (Aufruf: 12.2.19).

[14] http://www.faz.net/aktuell/beruf-chance/campus/roboter-als-dozent-ist-das-der-professor-von-morgen-15254645-p2.html. (Aufruf: 12.2.19.).

[15] https://www.newclassrooms.org/. (Aufruf: 12.2.19).

gestellt. Hier arbeiten wir alle zusammen, sprechen ständig miteinander, wie man mit einem bestimmten Schüler umgehen sollte, wie man eine Lektion am besten erklärt. Weil die Räume so offen sind, kann ich manchmal hören, wie es die anderen machen. Dann denke ich mir: Das ist eine gute Idee, und ich benutze es auch in meiner Unterrichtsstunde", sagt sie. Zwar erfahre sie den Plan für den nächsten Tag erst gegen 17 Uhr, wenn die Kinder ihre „Exit Slips" abgegeben haben. Aber sie wisse immer genau, wo es bei den Einzelnen noch hakt.[16]

Wie beim Roboterbeispiel aus Finnland gilt: Technik soll helfen, aber nicht ersetzen. Medienaffine Lehrkräfte berichten, dass viele Schülerinnen und Schüler beim Einsatz von digitalen Medien im Unterricht zunächst begeistert sind, aber schnell die Lust verlieren, wenn es ihnen nichts bringt. Ein abschließendes Beispiel aus den Niederlanden zeigt, wie die analoge und digitale Welt zusammengeführt werden können.

Steve JobsSchool, Amsterdam, Niederlande

Wenn man den Schulnamen liest, assoziiert man sofort Computer (Apple®), modern, sauber, digital unterstütztes Lernen. Sie entstand, als sich deren Gründer Maurice de Hond aufmachte, für seine Tochter eine „gute Schule" zu finden. Was motivierte de Hond? Zunächst wollte er keine Lernkultur, wie er sie selbst bzw. bei seinem Sohn kennengelernt hat. Er suchte nach einer Schule, die Schülerinnen und Schülern das Recht zur Selbstbestimmung einräumt. Er fand keine, also gründete er sie selbst, als Privatschule. Besucherinnen und Besucher der Schule beschreiben sie *„als eigentlich normal. Es gibt Klassenzimmer mit Garderoben davor, unter den Haken stehen Taschen, Sportzeug, Tornister. Es ist relativ ruhig, die Kinder sind im Unterricht. Bunter und freundlicher als in der Durchschnittsschule ist es. Neben den Klassenräumen gibt es eine Bibliothek mit Selbstlernraum und einen Ruheraum. Hier stehen überall Sitzsäcke und gemütliche Sessel und die Kinder kuscheln sich sichtlich zufrieden in die Kissen. (…) Die meisten halten ein Tablet in den Händen und arbeiten ruhig und selbstständig an einem Thema. Tablets sind hier der Schlüssel zu allem. Sie werden für den Unterricht selbst eingesetzt, vor allem aber auch für die Planung des Unterrichts, die Organisation im Hintergrund. Jeder Schüler bekommt so einen ganz individuellen Stundenplan. Jeden Tag. Alle sechs Wochen sprechen Lehrer, Schüler und Eltern den Lehrplan für die kommenden sechs Wochen ab. So kann es sein, dass ein Kind sehr viel Mathematik macht und ein anderes mehr Englisch, je nach Motivation und Kenntnisstand. Am Ende des Schuljahres haben trotzdem alle den Lernstoff gelernt – und wer möchte, sogar noch mehr."*[17] Die Zusammenarbeit zwischen Lehrkräften, Schülerinnen und Schülern und Eltern bildet eine wichtige Säule dieses Schulmodells. Alle sechs bis acht Wochen findet ein Interview statt, in dem der individuelle Entwicklungsplan bewertet und die Ziele für die kommende Periode auf Basis der Kernziele der Schule / Regierung festgelegt werden.

Der „Individual Development Plan (IOP)" bildet die Grundlage für das, was die Schülerinnen und Schüler in der Schule zu leisten haben. Er wird alle sechs bis acht Wochen neu aufgestellt. Der Plan beinhaltet im Wesentlichen die Ziele des niederländischen Curriculums. Darüber hinaus enthalten sie ein oder mehrere persönliche Ziele. In diesem Zeitraum überwachen die Lehrkräfte (auch Coaches genannt), ob die Schülerinnen und Schüler die Ziele erreichen und inwieweit zusätzliche Unterstützung erforderlich ist. Der Coach hat die Entwicklung der Schülerinnen und Schüler im Auge und stellt sicher, dass sie an den richtigen Workshops teilnehmen. Nach Ablauf von sechs bis acht Wochen findet eine Evaluation statt. Während dieses IOP-Interviews prüfen Schülerinnen und Schüler, die Eltern und der Coach gemeinsam, ob die gesetzten Ziele erreicht wurden und welche neuen Ziele gesetzt werden.

Dabei nehmen iPads® und Tools wie „sCoolTracker™", „sCoolPlanner™" und „sCoolMessenger™" eine zentrale Rolle ein.

- sCoolTRacker™: Hiermit werden für jeden Schüler die verschiedenen Ziele gemäß Curriculum und die persönlichen Ziele festgehalten. Diese Ziele bilden den individuellen Entwicklungsplan ab, den die Schülerinnen und Schüler in einem Zeitraum von sechs bis acht Wochen umzusetzen haben.

---

[16] https://www.tagesspiegel.de/weltspiegel/sonntag/digitale-kindheit-school-of-one-technik-im-klassenzimmer/12249046.html. (Aufruf: 12.2.19).
[17] https://www.digitalisierung-bildung.de/2016/02/19/besuch-der-praxis-steve-jobs-school-amsterdam/. (Aufruf: 12.2.19).

- sCoolPlanner™: Erstellt für jeden Schüler einen persönlichen Stundenplan. Dieses Tool organisiert letztlich den Schulalltag. Es weist die obligatorischen Unterrichtsstunden ebenso aus wie die Angebote, aus denen die Schülerinnen und Schüler frei wählen können. Schülerinnen und Schüler wie auch die Lehrkräfte erhalten damit eine Tagesübersicht, die einen (Schülerinnen und Schüler) für die persönliche Agenda, die anderen (Coaches) für die Überprüfung / Kontrolle, ob die Schülerinnen und Schüler ihr Selbstbestimmungsrecht auch korrekt wahrnehmen.
- sCoolMessenger™: Hiermit können Lehrkräfte, Eltern und Schülerinnen und Schüler in Form eines Onlineanrufs und / oder Chats miteinander kommunizieren. Die Konversation ist mit den Informationen des Schülers im Archiv verknüpft und auf dem Lehrer-Dashboard sichtbar.

Prof. Aufenager hat die Schule besucht und berichtet: *„Die Steve Jobs-School zeichnet sich dadurch aus, dass zum einen alle Kinder ein persönliches iPad® für den gesamten Schultag, aber auch für zu Hause bekommen. Zum anderen ist die gesamte Pädagogik vom Kind aus gedacht. D.h., die Kinder bestimmen ihre Lerngeschwindigkeit selbst und bekommen Aufgaben entsprechend ihrem Lernstand. Dies geschieht über entsprechende Anwendungen, die den Kindern etwa in Mathematik Aufgaben auf ihr iPad® geben und je nach richtigen oder falschen Lösungen weiterführende oder wiederholende Aufgaben anbieten. Diese Lernfortschritte können die Lehrpersonen sowie die Eltern auf ihren iPads® verfolgen. So kann man etwa genau erkennen, welche Aufgaben das Kind gelöst hat, ob die Lösung richtig oder falsch ist und wie lange dazu gebraucht wurde. Darüber hinaus können die Ergebnisse mit anderen Kindern sowie mit dem Durchschnitt anderer Klassen – den groepen – verglichen werden. In einem schnellen Überblick erfährt man, wo das Kind in den verschiedenen verlangten Fertigkeiten steht. So bedeutet ein grüner Bereich, dass die Lösung bzw. Fähigkeiten im erwarteten Bereich liegen, sie bei Orange und Rot noch nicht erreicht bzw. je nach Darstellungsart über, mit oder unter dem Durchschnitt der vergleichbaren Altersgruppe sind. Es gibt inzwischen mehrere Steve-Jobs-Schools in den Niederlanden. Auch wenn sie Steve-Jobs-Schule heißen, spielen dort die iPads® nicht die zentrale Rolle, die Kinder sitzen also nicht den ganzen Tag vor ihrem Gerät, sondern nutzen die vielfältigen anderen kreativen und sozialen Angebote. Die Botschaft der Schule ist: The iPad® is not the concept, it is the tool! Maurice de Hond hat es so ausgedrückt: „Mit dem iPad® sollte man nicht Sachen machen, die man bisher gemacht hat, sondern etwas Ergänzendes, wozu das iPad® sehr gut passt. Pädagogik und digitale Medien müssen sich miteinander verschränken."*[18] Die Firma Apple® hat den Namen übrigens nicht autorisiert, unternimmt aber auch nichts dagegen. Im Gegenteil: Es werden immer wieder einmal Besucherströme in diese Schule geleitet.

Zusammenfassung

Bei der allgemeinen Euphorie über die Bedeutsamkeit digitaler Medien in unserer Gesellschaft ist keineswegs empirisch gesichert, dass digitale Medien unter allen Umständen einen Vorteil gegenüber anderen Medien und Gestaltungsformen von Lernumgebungen im Unterricht haben.[19] Der Einsatz digitaler Medien ist aus pädagogischer und didaktischer Sicht sorgfältig abzuwägen. Letztlich stellt sich der Lehrkraft die Frage, ob der mediengestützte Unterricht tatsächlich effektiver zum Erwerb von Fachkompetenzen beiträgt. Aus eigener Erfahrung weiß ich, dass sich die Effektivität des Einsatzes erst mit zunehmender Erfahrung verbessert. Gleichwohl wäge ich immer ab, ob ich bei der einen oder anderen (didaktischen) Fragestellung nicht besser beraten bin, „traditionelle" Unterrichtsmethoden bzw. -sozialformen zu nutzen.

Die Berichte über humanoide Roboter, Lernmanagementsysteme wie auch die Nutzung der iPads® zeichnen sich durch eine zentrale Eigenschaft aus. Es stehen eher ergänzende Lehr- und Lernimpulse im Mittelpunkt. Die Lehrkräfte müssen in der täglichen Berufspraxis nur eine einzige Messlatte anlegen: Die Schülerinnen

---

[18] https://aufenanger.de/besuch-der-steve-jobs-schulen-in-den-niederlanden/. (Aufruf: 12.2.19).
[19] Vgl. www.clearinghouse-unterricht.de. (Aufruf: 12.2.19).

und Schüler müssen von der Einführung digitaler Medien profitieren. Ich selbst hatte in meiner Berufspraxis mehrfach zur Kenntnis zu nehmen, wie unterschiedlich die Wünsche und Erwartungen der Schülerinnen und Schüler gelagert sein können. Sie müssen davon überzeugt werden, dass der Einsatz digitaler Werkzeuge sie im Lernprozess unterstützt. Die Ansätze aus New York und Amsterdam zeigen: Erst wenn die Schülerinnen und Schüler weitgehend selbstständig arbeiten und zwischen Lernstationen wechseln können, die Lehrkräfte sich eher als Lernbegleiter verstehen und dabei verschiedene Sozialformen wie „normalen" Unterricht, kooperative Gruppenarbeit, Online-Tutoring, Lernsoftware einsetzen, dann, und nur dann, wird die Lehrkraft der Heterogenität in ihrer Lerngruppe gerecht.

Zum weiteren Konzept des Buches

Es geht um zwei große Themen: Umgang mit der Heterogenität der Lerngruppen und Umgang mit den Forderungen aus Politik und Wirtschaft, den Unterricht deutlich digitaler zu gestalten. Beides wird über die Frage nach gutem Unterricht in Kapitel 4 zusammengeführt.

Zunächst soll es im Kapitel 2 um eine Einordnung der Begriffe Bildungsstandards und Kompetenzorientierung gehen. Diese beiden Begriffe sind seitens der Kultusbehörden „gesetzt". Im Kapitel 4 kommt die Bildungsforschung unter dem Thema „Guter Unterricht" zu Wort. Im Vordergrund stehen hier erfolgreiche Konzepte in der Umsetzung zum kompetenzorientierten Unterricht und weniger die Darstellung der kontroversen Positionen. Die analoge und digitale Kennzeichnung wird jeweils getrennt ausgewiesen. Das soll den Leserinnen und Lesern die Möglichkeit geben, jeweils selbst zu Entscheidungen zu möglichen Mischformen zu kommen.

Mit dem Prozessmodell wird im Kapitel 6 ein Lehr- und Lernkonzept vorgestellt, das einen kompetenzorientierten Unterricht (KoU) ermöglicht und der Heterogenität der Lerngruppe deutlich Rechnung trägt. Das Modell wurde 2010 in vielen Fortbildungsmodulen zur Einführung der Bildungsstandards / KoU in Deutsch, Englisch / Französisch, Geschichte, Politik & Wirtschaft, Mathematik und Naturwissenschaften eingeführt. Somit ist das Modell vielfach erprobt und hat mittlerweile Eingang in alle Kerncurricula des Landes Hessen gefunden (in den sogenannten Leitfäden der Fächer).

Darüber hinaus werden Unterrichtskonzepte vorgestellt, die die digitale Welt mit der analogen zusammenführt. Dargestellt sind ausschließlich Beispiele, die der Autor selbst durchgeführt bzw. sich davon überzeugt hat, dass sie „funktionieren". Natürlich kann man auch der Argumentation vieler Lehrkräfte folgen, die sagen: „Die Ministerien haben das Schulbuch XXX genehmigt, also wird es die Voraussetzungen an die Rahmenbedingungen – nämlich kompetenzorientiert zu sein – erfüllen." Stimmt, nur beantwortet die Genehmigung eines Schulbuches eher die Frage nach dem „Was", also nach den Inhalten. Nicht jedoch nach der Konstruktion des Könnens im Umgang mit dem (noch inaktiven) Wissen. Darum wird es vor allem – auch mit Rückgriff auf übereinstimmende Forschungsergebnisse – gehen.

Apropos Forschungsergebnisse: Aus den Aussagen im ersten Teil (Heterogene Lerngruppen) wird besonders die Notwendigkeit einer Etablierung einer Feedbackstruktur das Wort geredet. Dem wird im Kapitel 8 Rechnung getragen, ehe dann im abschließenden Abschnitt Indikatoren aufgeführt werden, anhand derer die Lehrkraft ihren Unterricht – analog und / oder digital – einschätzen und ggfs. weiterentwickeln kann.

„Wenn es gelingt, Bildungsstandards so zu gestalten, dass sich in ihnen eine Vision von Bildungsprozessen abzeichnet, eine moderne Philosophie der Schulfächer, eine Entwicklungsperspektive für die Fähigkeiten von Schülern, dann können die Standards zu einem Motor für die Steigerung der Bildungsqualität von Schulen werden.“[20]

(ECKHARD KLIEME, DEUTSCHES INSTITUT FÜR INTERNATIONALE PÄDAGOGISCHE FORSCHUNG)

Kapitel 2 – Von den Bildungsstandards zum Kompetenzbegriff

Was Sie in diesem Abschnitt erwartet

- Es wird dargestellt, wie der Begriff „Kompetenzorientierung“ Eingang in die Lehrpläne der Länder und damit in die eingeführten Schulbücher gefunden hat.
- Am Beispiel eines Fortbildungsmoduls des Landes Hessen werden die unterrichtsrelevanten Ansatzpunkte dieses Ansatzes erläutert …
- … sowie kritischen Hinweisen nachgegangen.
- Es wird eine Übersicht gegeben, worin die Chancen einer kompetenzorientierten Ausrichtung liegen.

Die Ergebnisse der internationalen Schulleistungsstudie PISA („Programme for International Student Assessment“) lösten in Deutschland eine umfassende Diskussion über die Leistungsfähigkeit des deutschen Schulsystems aus. Hier zeigten sich für die deutschen Schülerinnen und Schüler im Bereich der Sekundarstufe I Ergebnisse, die deutlich hinter den Erwartungen zurückblieben. So wurden im PISA-Test im Jahr 2000 die Fähigkeiten 15-jähriger Jugendlicher in den Bereichen Lesen, Mathematik und Naturwissenschaften getestet.

In einer Reaktion auf die erste PISA-Studie hat die Kultusministerkonferenz (KMK) 2002 einstimmig einen Umbau der Steuerung der Schulsysteme in Deutschland beschlossen: Danach sollten künftig die Schulen mehr von ihren Wirkungen her in den Blick genommen werden. An die Stelle von Vorgaben über zu behandelnde Themen (gemeint sind die Lehrpläne der Länder) sollen kompetenzorientierte, anwendungsbezogene Wissens- und Könnensbeschreibungen treten. Lehrpläne sollen im Zuge dieser Reform durch empirisch überprüfbare Bildungsstandards ersetzt werden. Damit war die grundlegende Richtung der weiteren Entwicklung vorgegeben.

Die KMK stützte sich in der Folge in vielen ihrer Beschlüsse auf die Aussagen eines Gutachtens („Klieme-Gutachten“), in welchem die Möglichkeiten eines an Kompetenzen orientierten Arbeitens mit Bildungsstandards grundlegend dargestellt wurden. Die KMK beschloss, ihre Bildungsstandards als „Regelstandards“ anzulegen.

Kompetenzorientierung

Bildung im Sinne von Humboldt ist *„die Anregung aller Kräfte des Menschen, damit diese sich über die Aneignung der Welt entfalten und zu einer sich selbst bestimmenden Individualität und Persönlichkeit führen“*[21]. In der von der KMK genutzten Klieme-Expertise steht beim Kompetenzbegriff die Anwendbarkeit von Kenntnissen und Fertigkeiten deutlicher im Vordergrund. In der Praxis findet man eine Reihe unterschiedlicher Ansätze. Für die Schule relevant ist die Kompetenzdefinition von Weinert: *„Kompetenzen sind die bei Individuen verfügbaren oder durch sie erlernbaren kognitiven Fähigkeiten und Fertigkeiten, um bestimmte Probleme zu lösen, sowie die damit verbundenen motivationalen, volitionalen und sozialen Bereitschaften und Fähigkeiten, um die Problemlösungen in variablen Situationen erfolgreich und verantwortungsvoll nutzen zu können.“*[22]

---

[20] https://www.focus.de/wissen/mensch/campus/bildungsstandards/theorie/eckhard-klieme_aid_15531.html. (Aufruf: 13.2.19).

[21] http://www.humboldtgesellschaft.de/inhalt.php?name=humboldt. (Aufruf: 20.2.19).

[22] https://www.bmbf.de/pub/Bildungsforschung_Band_1.pdf. (Aufruf: 13.2.19).

In den Kerncurricula der Länder lauten typische Kompetenz-Beschreibungen: „Die Schülerinnen und Schüler können …" Damit ist ein Lehrplan dann umgesetzt, wenn der angegebene / empfohlene Stoff im Unterricht behandelt wurde und die Schülerinnen und Schüler über das nötige Wissen verfügen und dieses auch anwenden können.

Historisch stand beim Aufbau von Kompetenzrastern der sogenannte „Gemeinsame Europäische Referenzrahmen" der modernen Fremdsprachen Pate, mit dessen Hilfe Ziele des Sprachunterrichts und alle Sprachtests europaweit vereinheitlicht wurden. Zentrales Bildungsziel ist die kommunikative Handlungsfähigkeit, denn letztendlich müssen durch das Anwenden einer Fremdsprache konkrete Situationen bewältigt werden. Dazu gehören sowohl kognitive Wissensinhalte als auch Kenntnisse über die Sprachstruktur. Und nach Weinert setzt das Herangehen an eine andere Sprache Akzeptanz anderer Kulturen voraus, also bestimmte Einstellungen, Werte, Motivationen und Willen.[23]

Was bedeutet kompetenzorientiertes Lernen und Unterrichten?
Wie einleitend beschrieben, bezog sich der beschriebene Paradigmenwechsel zeitlich erst einmal auf die Steuerung von Bildungssystemen. PISA, IGLU usw. sind Monitoring-Studien, die keine Aussage über den einzelnen Schüler, die einzelne Schülerin machen. Neben einer guten Schulkultur ist aber der Unterricht zentrales Betätigungsfeld in der Schule. *„Bereits in einem 1958 von Wolfgang Klafki publizierten Artikel zur Didaktischen Analyse beziehen sich zwei der berühmten fünf Fragen auf die Anwendbarkeit des Wissens: Welche Bedeutung hat dieser Inhalt oder die an ihm zu gewinnende Erfahrung, Erkenntnis, Fähigkeit, Fertigkeit im geistigen Leben der Schüler dieser Klasse / Lerngruppe? Worin liegt die Bedeutung des Themas für die Zukunft der Schüler? Klar war also schon damals: Ohne Wissen geht es nicht, aber es ist eben alleine nicht hinreichend, um Probleme zu lösen. Berge von Wissen aufzubauen, das in einer Problemlösesituation nicht abgerufen werden kann, ist sinnlos und wird als träges Wissen bezeichnet. Schulwissen ist aber in vielen Fällen abstrakt, deklarativ und wird nicht eingesetzt, wenn es darum geht, anstehende Probleme zu lösen oder es auf konkrete Fälle anzuwenden (von Saldern)."[24]*

Einblick in eine Fortbildungsreihe des Landes Hessen
In den Fortbildungsangeboten des Landes Hessen zu diesem Thema ist von den Verantwortlichen der Fortbildungsreihe Folgendes hervorgehoben worden[25]:
- *„Unterricht wurde bisher häufig von den Erfordernissen des Stoffes her geplant. Kompetenzorientierter Unterricht wird dagegen in erster Linie von den Prozessen des Lernens heraus entwickelt und von den Erfordernissen der Lernenden her gestaltet."*
- *„Kompetenzen werden immer in der aktiven Auseinandersetzung mit bedeutsamen Inhalten erworben. Diese Kenntnisse dienen der Lösung von Problemstellungen. Kompetenzen werden dabei verstanden als Verbindung von Wissen und Können. Kompetenzen werden individuell erworben. Sie können nicht durch eine Lehrperson ‚gelehrt' oder vermittelt werden."*

Bei Kompetenzen ist zu unterscheiden zwischen fachlichen und überfachlichen Kompetenzen:
- *„Fachliche Kompetenzen beschreiben für bestimmte Stufen des schulischen Lernprozesses Fähigkeiten und Fertigkeiten, die für ein erfolgreiches Anwenden des im Fach erworbenen Wissens in vielfältigen schulischen und außerschulischen Zusammenhängen grundlegend sind."*

---

[23] Saldern, M. van: Grundlagen der Kompetenzorientierung. In: Schulmanagement-Handbuch 159. Oldenburg-Verlag 2016.
[24] Ebd.
[25] Höfer, D./Loleit, P./Steffens, U./Diehl, G.: Kompetenzorientiertes Unterrichten nach dem neuen Kerncurriculum für Hessen. Ein Text für die interessierte Öffentlichkeit. (IQ, 2010). http://lakk.sts-ghrf-ruesselsheim.bildung.hessen.de/modul/mathe_hr_modul_a/Rechtliche_Grundlagen/Hoefer_et_al_-_Kompetenzorientiertes_Unterrichten.pdf. (Aufruf: 21.2.19).

- *„Die überfachlichen Kompetenzen beschreiben darüber hinaus wesentliche Verstehens- und Handlungsformen, die nicht in einzelnen Fächern allein aufgebaut werden können: Personale Kompetenz, Sozialkompetenz, Sprach- und Textkompetenz und Lern- und Arbeitskompetenz. Es liegt in der Verantwortung der Lehrkräfte einer Schule, den Aufbau dieser überfachlichen Kompetenzen zu ermöglichen. Die überfachlichen Kompetenzen werden in Verbindung mit den jeweiligen Fachkompetenzen aufgebaut."*

Kritik am Modell: Konzentration auf Output

Bleiben wir noch einmal bei der Fortbildungsreihe des Landes Hessen. Die Fachgruppe Mathematik orientierte sich an den Ansätzen des Standardwerks „Bildungsstandards Mathematik: konkret"[26]. Ansatzpunkt der Kritik war hier ein Bild aus diesem Buch. Die in diesem Bild verankerte Vermittlungsidee lautet: Über die Einspeisung von Informationen (Input), der anschließenden (schülerindividuellen und -orientierten) Verarbeitung präsentiert der Lernende abschließend seinen Kompetenzgewinn (Output). Wegen der Nähe zum EVA-Funktionssystem eines Computers (Eingabe-Verabeitung-Ausgabe) wird das Outputmodell schnell als technokratisch abgestempelt. Auf diese Kritik wird noch intensiver im nächsten Kapitel (Prozessmodell) eingegangen.

© Thomas Körner

Eine weitere Kritik ist: Wo bleiben die Inhalte? Kompetenzorientiertes Lernen wird bisweilen als „Stricken ohne Wolle" bezeichnet. Hinter dieser Formulierung steckt die Befürchtung, die Umsteuerung des Bildungswesens auf „outcome" (= Handlungskompetenz nach der Schulzeit) und die Formulierung von zu erreichenden „Kompetenzen" würden dazu führen, dass nur noch leere Formen, nicht aber gesellschaftlich bedeutsame Konkretisierungen, nur noch das „Wie", nicht aber das „Was", unterrichtet und gelehrt würden. Andreas Körber widerspricht der Kritik am fehlenden Festmachen an Inhalten – einer Inhaltsleere – in seinem Werk „Kompetenzorientierung versus Inhalte" und schreibt in Bezug darauf: *„(…) es geht vornehmlich um das Stricken-Können ganz unterschiedlicher Produkte, nicht um eine konkrete Wollkunde. Ein Unterricht, der nicht einfach gesellschaftlich verbreitete Konventionen, Deutungen und Urteile übermitteln soll, sondern vielmehr die Lernenden befähigen will, sich in der Vielfalt der in der Gesellschaft gegebenen Orientierungen, Weltsichten, Denkweisen, Urteile, Verständnisse zurechtzufinden und zwischen ihnen dauernd zu vermitteln, darf keinen festen Bestand fachlichen Wissens ungefragt vorschreiben, sondern muss vielmehr gesellschaftlich relevante (weil deutungskontroverse, fragwürdige) Gegenstände so formulieren, dass multiperspektivisches, kontroverses und plurales Lernen an ihnen möglich wird. (…) Angesichts der Heterogenität der Klassen und der Forderung nach zunehmender Autonomie der Schulen sind wohl strikte Vorgaben in Form von Rastern nicht zu empfehlen – wohl aber Handreichungen, in welchen die Kompetenzförderungsqualitäten verschiedener Gegenstände dargelegt werden. (…)"*[27]

[26] Praxisbuch: Bildungsstandards Mathematik: konkret – Sekundarstufe I: Aufgabenbeispiele, Unterrichtsanregungen, Fortbildungsideen. Cornelsen 2016.

[27] Körber, A.: Kompetenzorientierung versus Inhalte. Eine alte Debatte zu neuem Thema. Schulmanagement (2010) 6. https://www.pedocs.de/volltexte/2014/9596/pdf/Schulmanagement_2010_6_Koerber_Kompetenzorientieung_vs_Inhalte.pdf. S. 6–11. (Aufruf: 13.2.19).

„In diesem Sinne ist ‚Kompetenzorientierung' gerade", so Körber in seinem Beitrag weiter, *„keine Bedrohung der ‚Inhalte' und auch keine Alternative zu ihnen, sondern ihr notwendiges Komplement. Ihr den nötigen Platz einzuräumen, bedeutet dann aber auch, die ‚Inhalte' nicht zu kleinschrittig festlegen zu wollen und somit z.B. vom Interesse der Weitergabe des eigenen Geschichtsbildes abzusehen. Es geht vielmehr darum, diejenigen ‚Inhalte' in problemorientierter Form verbindlich festzuschreiben, welche für die historische Orientierung der zukünftigen Bürger unserer Gesellschaft und ihr eigenes, verantwortliches Denken zentral sein werden."*[28]

Die KMK ergänzt: *„Jede einzelne Unterrichtsstunde muss sich daran messen lassen, inwieweit sie zur Entwicklung von inhaltsbezogenen oder allgemeinen Schülerkompetenzen beigetragen hat. Entscheidend ist nicht die Frage, was haben wir durchgenommen, sondern welche Vorstellungen, Fähigkeiten, Einstellungen sind auf Seiten der Schülerinnen und Schüler entwickelt worden."*[29]

Und genau diese Aussage dient den Kultusbehörden bzw. den nachgeordneten Behörden als Folie für die Lernstandserhebungen (z.B. KERMIT in Hamburg, Vera etc.). Sie sollen den Lehrkräften eine Rückmeldung zum Unterrichtsgeschehen geben, da man vielfach die Freiheit hat, die Inhalte, den Ablauf und vieles mehr selbst auszuwählen. Eltern wie auch Schülerinnen und Schüler haben ein Recht darauf zu erfahren, inwieweit die Schulen / die Lehrkräfte die für sie im Kerncurriculum, in den Bildungsstandards beschriebenen Anforderungen erfüllt haben.

Zusammenfassung (Chancen eines kompetenzorientierten Unterrichts)

Norbert Landwehr fasst den Sinn eines gelungenen kompetenzorientierten Unterrichts wie folgt zusammen: Er ist …

- *„Gegen die ‚Paukerschule' gerichtet*
  Kompetenzorientierung greift ein altes Anliegen auf: Nicht das Memorieren von möglichst vielen Kenntnissen sollte im Zentrum stehen (‚Bulimie-Lernen'), sondern das Verstehen grundlegender, exemplarisch ausgewählter Wissensbestände.
- *Gegen die lebensfremde Schule gerichtet*
  Schule sollte nicht Inhalte vermitteln, die lebensfremd anmuten und die keine nützlichen Lebenshilfen sind. Aufzeigen und spürbar machen, was das Gelernte mit mir und meinem Leben zu tun hat, ist unverzichtbar – auch als Voraussetzung für ein nachhaltiges Lernen.
- *Gegen die Vermittlung von ‚trägem Wissen' gerichtet*
  Träges Wissen, das im entscheidenden Moment nicht abgerufen werden kann, ist sinnlos und wertlos. Die Verknüpfung mit relevanten Fragestellungen, Problemen, Aufgaben muss in der Schule vorbereitet werden, sonst verfehlt das Gelernte die zugedachte Funktionalität.
- *Gegen die Fixierung auf überholtes Wissen gerichtet*
  Schule bildet aus für eine (berufliche) Praxis, die es so nicht mehr geben wird, wenn die jetzigen Lernenden in die Berufswelt eintreten. Gelernte Inhalte werden dann grossenteils überholt sein. Die beschleunigte Entwicklung verlangt nach fachübergreifenden Kompetenzen, die für das lebenslange Lernen vorbereiten.
- *Gegen die antiquierte Schule gerichtet (die tut, als ob es die technologische Revolution nicht geben würde)*
  Heute trägt jeder Mensch das gesammelte Wissen der Menschheit in der Hosentasche mit sich. Das Abrufen dieses Wissens ist jederzeit und überall möglich – auch wenn's nicht im Kopf gespeichert ist. Trotz dieser grundlegenden, epochalen Veränderung ist das schulische Lernen noch immer organisiert wie im letzten Jahrhundert. Kompetenzorientierung ist eine zwingende Konsequenz aus dieser Entwicklung."[30]

---

[28] Ebd. S. 11.

[29] KMK: Konzeption der Kultusministerkonferenz zur Nutzung der Bildungsstandards für die Unterrichtsentwicklung, 2010. https://www.kmk.org/fileadmin/veroeffentlichungen_beschluesse/2010/2010_00_00-Konzeption-Bildungsstandards.pdf. (Aufruf: 13.2.19).

[30] https://www.edubs.ch/unterricht/lehrplan/volksschulen/einfuehrung-lehrplan-21/tagung-zwei-jahre-lehrplan-21/unterlagen-zu-den-workshops-vom-nachmittag/workshop-18-norbert-landwehr-woran-erkennt-man.pdf/download. S. 5f. (Aufruf: 13.2.19).

„Als Wähler der Partei ‚Die Grünen' kann ich gegen individuellen Straßen-verkehr sein. Aber er findet nun mal statt. Wenn ich die Kinder nicht darauf vorbereite, werden sie umgefahren. Ich muss Kindern und Jugendlichen also beibringen, verantwortungsvoll damit umzugehen. So ist es auch mit digitalen Technologien: Sie finden statt – und wenn ich den Schülern etwas beibringen will, damit sie nicht in alle Fallen hineingeraten, muss man digitale Medien integrieren."[31]

(PROF. BOS, UNIVERSITÄT DORTMUND)

Kapitel 3 – Medienkompetenz

Was Sie in diesem Abschnitt erwartet

- Es wird dargestellt, wie der Begriff „Medienkompetenz" entstanden ist und wie er sich weiterentwickelt hat.
- Mit OER wird eine Systematik vorgestellt, mit der man die Frage nach urheberrechtlich korrektem „Copy & Paste" beantwortet bekommt.
- Gelingensbedingungen für eine gelungene Integration werden formuliert.

Der Medienkompetenzbegriff

Als die Geburtsstunde der Definition von Medienkompetenz wird die 1973 veröffentlichte Habilitationsschrift von Dieter Baacke „Kommunikation und Kompetenz – Grundlegung einer Didaktik der Kommunikation und ihrer Medien" gesehen. Demnach meint *„Medienkompetenz grundlegend nichts anderes als die Fähigkeit, in die Welt aktiv aneignender Weise auch alle Arten von Medien für das Kommunikations- und Handlungsreper-toire von Menschen einzusetzen"*[32]. Mit dem Begriff „Medienkompetenz" verknüpfte Baacke das grundlegende Menschenbild eines selbstbestimmten und gesellschaftlich handelnden Subjekts. Medien sollten besonders zum Schutz der Heranwachsenden kontrolliert werden. Wie schon bei den Bildungsstandards sorgte die KMK im Jahr 2012 für einen Beschluss zur Medienbildung in der Schule. Dort heißt es u.a.:

„Schulische Medienbildung versteht sich als dauerhafter, pädagogisch strukturierter und begleiteter Prozess der konstruktiven und kritischen Auseinandersetzung mit der Medienwelt. Sie zielt auf den Erwerb und die fortlaufende Erweiterung von Medienkompetenz; also jener Kenntnisse, Fähigkeiten und Fertigkeiten, die ein sachgerechtes, selbstbestimmtes, kreatives und sozial verantwortliches Handeln in der medial geprägten Lebenswelt ermöglichen. Sie umfasst auch die Fähigkeit, sich verantwortungsvoll in der virtuellen Welt zu bewegen, die Wechselwirkung zwischen virtueller und materieller Welt zu begreifen und neben den Chancen auch die Risiken und Gefahren von digitalen Prozessen zu erkennen."[33]

Medienkompetenzorientierung: Chancen für ein (erstmals) bundesweit gültiges Curriculum

Ende 2016 folgte dann eine Konkretisierung mit dem Ziel / Auftrag an die Länder, die folgenden Kompetenz-bereiche curricular in deren Lehrpläne zu verankern:

Suchen, Verarbeiten und Aufbewahren

- Suchstrategien nutzen und weiterentwickeln
- Relevante Quellen identifizieren und zusammenführen
- Informationen und Daten analysieren, interpretieren und kritisch bewerten
- Informationen und Daten zusammenfassen, organisieren und strukturiert aufbewahren

---

[31] http://www.forumbd.de/dialog/das-muss-schule-leisten-prof-bos-von-der-tu-dortmund-im-dialog/. (Aufruf: 13.2.19).
[32] Baacke, D.: Kommunikation und Kompetenz – Grundlegung einer Didaktik der Kommunikation und ihrer Medien. Juventa 1973.
[33] KMK, Medienbildung in der Schule, 2008. http://www.teachsam.de/medien/medienpaed/medienkompetenz/medienkomp_3_6.htm (Abruf 19.2.2019).

Unterrichtsanwendungen:

Beurteilen und Weiterverarbeiten von Informationsquellen; Differenzierung unterschiedlicher Ziele der Mediennutzung, Auswahl geeigneter Medien

Kommunizieren und Kooperieren

- Mithilfe verschiedener digitaler Kommunikationsmöglichkeiten kommunizieren
- Referenzierungspraxis beherrschen (Quellenangaben)
- Digitale Werkzeuge für die Zusammenarbeit bei der Zusammenführung von Informationen, Daten und Ressourcen nutzen
- Umgangsregeln kennen und einhalten (Netiquette)
- Medienerfahrungen weitergeben und in kommunikative Prozesse einbringen

Unterrichtsanwendungen:

Nutzung von Internetplattformen zum Zweck der Identitätsentwicklung und Partizipation; Ethische Aspekte des eigenen Medienverhaltens reflektieren

Produzieren und Präsentieren

- Mehrere technische Bearbeitungswerkzeuge kennen und anwenden
- Informationen, Inhalte und vorhandene digitale Produkte weiterverarbeiten und in bestehendes Wissen integrieren
- Bedeutung von Urheberrecht und geistigem Eigentum kennen
- Persönlichkeitsrechte beachten

Unterrichtsanwendungen:

Aktive Medienarbeit / Projektarbeit: eigenständige Bearbeitung von Inhalten, kreative Gestaltung, Präsentation, Partizipation

Schützen und sicher Agieren

- Risiken und Gefahren in digitalen Umgebungen kennen, reflektieren und berücksichtigen
- Maßnahmen für Datensicherheit und gegen Datenmissbrauch berücksichtigen
- Privatsphäre in digitalen Umgebungen durch geeignete Maßnahmen schützen
- Suchtgefahren vermeiden, sich selbst und andere vor möglichen Gefahren schützen
- Umweltauswirkungen digitaler Technologien berücksichtigen

Unterrichtsanwendungen:

Vorbildfunktion von Medieninhalten hinterfragen; Problematische Inhalte melden und reflektieren

Problemlösen und Handeln

- Anforderungen an digitale Umgebungen formulieren
- Werkzeuge bedarfsgerecht einsetzen
- Eigene Defizite bei der Nutzung digitaler Werkzeuge erkennen und Strategien zur Beseitigung entwickeln
- Digitale Werkzeuge und Medien zum Lernen, Arbeiten und Problemlösen nutzen
- Algorithmen erkennen und formulieren

Unterrichtsanwendungen:

Problemstellungen identifizieren, modellieren, in Teilschritte zerlegen, Lösungsstrategien entwerfen, Ergebnisse formalisiert darstellen

Analysieren und Reflektieren

- Gestaltungsmittel von digitalen Medienangeboten kennen und bewerten
- Wirkungen von Medien in der digitalen Welt (z.B. mediale Konstrukte, Stars, Idole, Computerspiele, mediale Gewaltdarstellungen) analysieren und konstruktiv damit umgehen
- Medien in der digitalen Welt verstehen und reflektieren

Unterrichtsanwendungen:

Eigene Nutzungsgewohnheiten und Beeinflussung durch Medien reflektieren; Bezug digitaler Medien zu einzelnen Fachkulturen und zur Arbeitswelt herstellen

Diese Festlegung sagt zweierlei: Die Vorgaben an die Medienvermittlung sind an sechs umfangreich beschriebene Kompetenzbereiche gekoppelt. Das lässt erwarten, dass zumindest bezüglich der Kompetenzbereiche erstmals kein Wildwuchs der Länderumsetzungen stattfindet. Gleichwohl haben die Kultusbehörden die Hoheit über die Definition und damit die Konkretisierung der Kompetenzbereiche und die (Aus-)Wahl der entsprechenden Inhalte. Auf dem Landesserver NRW lassen sich bereits erste Unterrichtsanwendungen[34] finden.

Da diese Angebote über das Internet abgerufen werden können, haben die Schulen demnächst die Qual der (Aus-)Wahl der Inhalte. Dennoch werden die Vorteile der Vielfalt der Angebote überwiegen: Jede Lehrkraft kann vor allem mit Blick auf eigene Kompetenz entscheiden, was er / sie inhaltlich anbietet.

OER (Open Educational Resources)

Ein großes Thema ist natürlich, mit welchen Rechten man (z.B.) Angebote von Schulbuchverlagen verändern darf. Anfragen wie „Dürfen Schülerinnen und Schüler, Lehrkräfte Texte aus Schulbüchern neu zusammenstellen, wenn das Schulbuch in der Klasse eingeführt ist (also aus dem Schulbudget angeschafft wurde)?" oder „Kann ich nur dann Texte aus einem angeschafften Schulbuch hin- und herschieben, wenn ich über eine entsprechende E-Book-Lizenz verfüge? Oder greift nichts und ich darf auch nichts?" wird durch das neue, überarbeitete Urhebergesetz vom 1.3.2018 wie folgt beantwortet:

Das Urheberrecht wurde zum 1.3.2018 reformiert und an unsere digitalisierte Wissensgesellschaft angepasst (Urheberrechtsreform), um den aktuellen Veränderungen in der Medienwelt und dem Nutzungsverhalten der Bürgerinnen und Bürger gerecht zu werden. Für Sie als Lehrkräfte bedeutet dies: Nach § 60a UrhG dürfen Lehrkräfte für den Unterricht bis zu 15 Prozent eines veröffentlichten Werkes vervielfältigen, verbreiten, öffentlich zugänglich machen und in sonstiger Weise öffentlich wiedergeben (dazu zählt auch das Digitalisieren, Herunterladen, Ausdrucken etc.). Bedingung ist, dass mit der Nutzung keine kommerziellen Zwecke verfolgt werden. Das gilt für die Lehrkräfte selbst, die Schüler, das Kollegium an derselben Schule, für weitere Personen, denen unterrichts- uns Lernergebnisse präsentiert werden sollen.

Zeitungs- und Zeitschriftenartikel sowie Abbildungen dürfen in vollem Umfang vervielfältigt werden.

Nach § 60b UrhG dürfen Sammlungen aus Unterrichts- und Lehrmedien zur Unterrichtsvorbereitung zusammengestellt werden, indem aus mehreren urheberrechtlich geschützten Werken 10 % entnommen werden können. Das gilt nicht für kommerzielle Zwecke. Unterrichts- und Lehrmedien im Sinne dieses Gesetzes sind Sammlungen, die Werke einer größeren Anzahl von Urhebern vereinigen und ausschließlich zur Veranschaulichung des Unterrichts und der Lehre an Bildungseinrichtungen (§ 60a) zu nicht kommerziellen Zwecken geeignet, bestimmt und entsprechend gekennzeichnet sind.

Für Schulbücher wurde eine Sondervereinbarung § 60a, Absatz 3, Urheberrechtsgesetz getroffen. Die oben beschriebene Erlaubnis, bis zu 15 Prozent kopieren zu dürfen, gilt hier nicht automatisch. Die Kultusministerien der Länder haben mit den Verwertungsgesellschaften jedoch spezielle Verträge geschlossen, die die

---

[34] https://medienkompetenzrahmen.nrw.de/unterrichtsmaterialien/ (Aufruf: 13.2.19).

Verwendung der Schulbücher in gleicher Weise ermöglichen. Die geschlossenen Verträge sind zeitlich begrenzt und müssen jeweils nach Ablauf der Frist neu verhandelt werden.[35]

Jöran Muuß-Mehrholz hat sich in seinem sehr bemerkenswerten[36] Buch: „Freie Unterrichtsmaterialien finden, rechtssicher einsetzen, selbst machen und teilen" die vielen Dilemmata, mit denen sich Lehrkräfte bei der Erstellung von Unterrichtsmaterialien herumschlagen müssen, wie folgt illustriert:

*„**Die Eigentlichkeit der digitalen Materialien***

Wussten Sie, dass sowohl der Begriff ‚Eigentlichkeit' als auch der Begriff ‚Uneigentlichkeit' im Duden stehen? Falls es die Begriffe noch nicht gäbe, so müsste man sie für die Grundeigenschaft von (digitalen) Technologien erfinden. Denn eigentlich geht mit Technik alles einfacher und schneller. Aber uneigentlich sitzt man stundenlang davor und versucht herauszufinden, warum es doch nicht geht. Eigentlich muss man nur das Beamerkabel anschließen. Aber uneigentlich funktioniert das bei jedem dritten Mal dann doch nicht. Eigentlich sollte heutzutage überall Internetempfang vorhanden sein. Aber uneigentlich scheint das doch nicht so einfach zu sein. Ich nenne das ‚die Eigentlichkeit der Technik'.

(…) Materialien, die gut für Copy & Paste geeignet sind, helfen uns in der Schule – eigentlich:

- *Eigentlich geht die Bearbeitung von Materialien mit digitalen Werkzeugen viel einfacher.*
- *Eigentlich kann man digitale Materialien viel einfacher mit anderen teilen.*
- *Eigentlich kann man Materialien viel einfacher aufbewahren, durchsuchen und wiederverwenden, wenn sie digital sind.*

(…) Und eine zentrale Frage für Lehrkräfte lautet: ‚Darf ich das eigentlich?' Was darf man ausschneiden, kombinieren, kopieren, verteilen, vorführen und veröffentlichen? In der uneigentlichen Praxis stößt man an allen Ecken und Enden auf Tücken und Fallstricke. Digitale Materialien, Werkzeuge und Plattformen sind ein Glücksfall für die Schule – eigentlich. Sie bieten auf der Ebene des Lernens, des Unterrichts und der Zusammenarbeit Möglichkeiten, die grundlegend mit den allgemein formulierten Anforderungen an gute Schule übereinstimmen. Aber technische und urheberrechtliche Hürden schränken die Möglichkeiten so weit ein, dass das digitale Potenzial nicht ansatzweise zur Geltung kommen kann. Teilweise sind mit digitalen Materialien weniger Möglichkeiten gegeben als mit ihren analogen Pendants. Wie können wir dieses Potenzial freisetzen, indem wir technische und rechtliche Hürden für digitale Materialien ausräumen, sodass wir sie für Copy & Paste nutzen können?"[37]

Die Antwort von Muuß-Mehrholz ist: OER. Folgende Symbole kennzeichnen die erlaubte Nutzung: Will man auf der ganz sicheren Seite sein, benutzt man ausschließlich Dateien, die mit „CC0" gekennzeichnet sind. „CC BY" und „CC BY-SA" sind auch akzeptabel, aber mühsamer: Es müssen Urheber- und Rechteangaben gemacht werden. Darüber hinaus willigt der „Remixer" ein, dass auch seine Veränderungen unter diesen Rechten genutzt, d. h. kopiert oder wiederum verändert werden dürfen.

Auf www.schule-in-der-digitalen-welt.de werden weitere Hinweise zu OER gegeben, insbesondere zu einer OER-Suchmaschine („OER-Eichhörnchen"), die eine Recherche nach veränderbaren Materialien erleichtert, und natürlich der Link zum (veränderbaren) Buch von Muuß-Mehrholz.

---

[35] Vgl. https://www.gesetze-im-internet.de/urhg/__60a.html (Aufruf 29.2.19) und https://www.gesetze-im-internet.de/urhg/__60b.html (Aufruf: 20.2.19).

[36] Bemerkenswert, weil das Buch kostenpflichtig gekauft werden kann und gleichzeitig kostenfrei zur Vervielfältigung, Veränderung gemäß CC 4.0 BY SA zur Verfügung steht.

[37] Muuß-Merholz, J.: Freie Unterrichtsmaterialien finden, rechtssicher einsetzen, selbst machen und teilen. Beltz Verlag 2018. S. 24f./ Welche CC-Lizenz ist die richtige für mein Werk? Barbara Klute und Jöran Muuß-Merholz, Quelle: joeran.de/cc-lizenz-infografik/ https://de.m.wikipedia.org/wiki/Datei: Infografik_Auswahl_cc_lizenz.jpg.

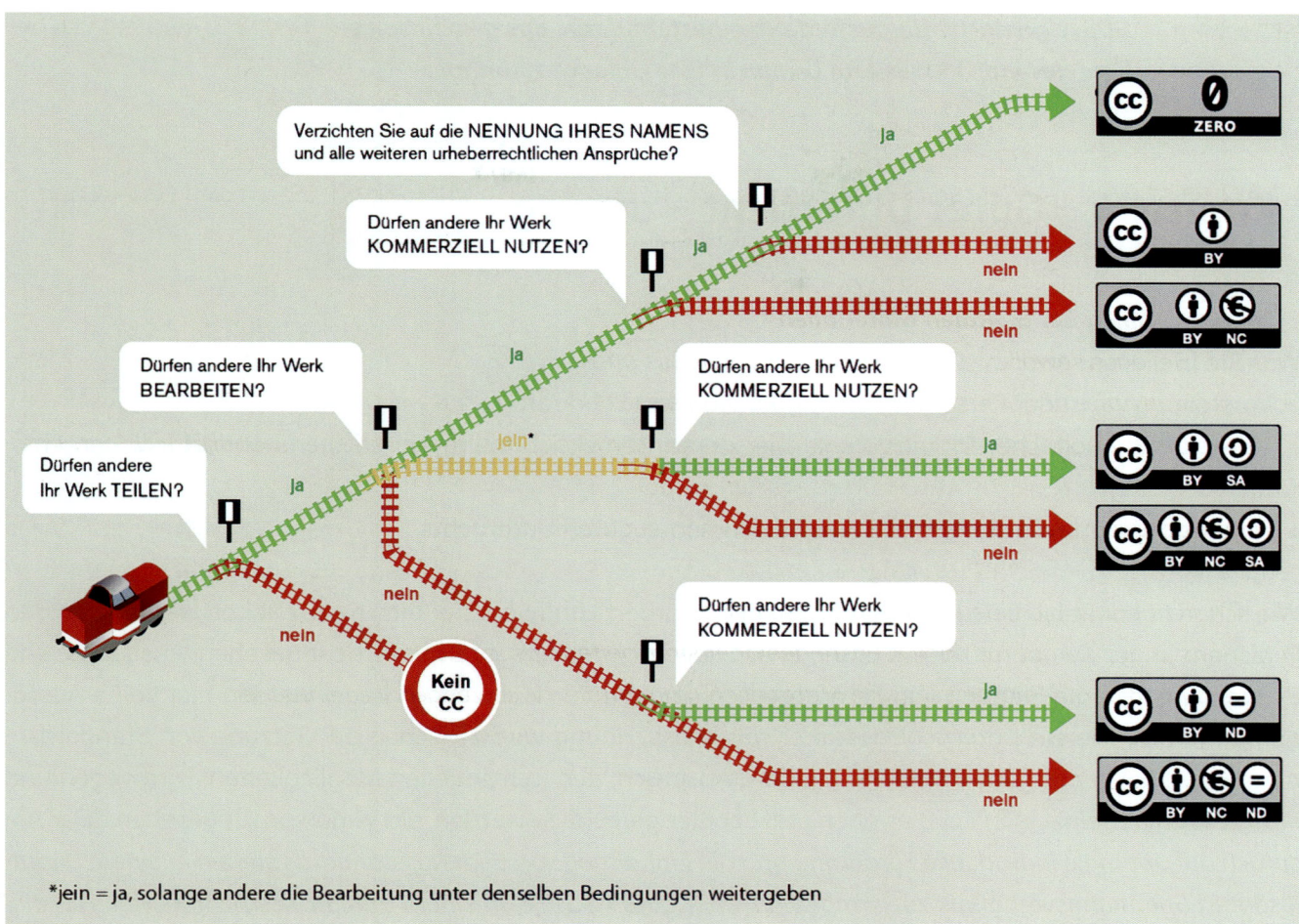

(Quellennachweis S. 23, Fußnote 37)

Zusammenfassung

Die Bemühungen, bundesweit zu einer vereinheitlichenden Kennzeichnung der Kompetenzbereiche zu kommen wie auch die inhaltliche Umsetzung in den Ländern (hier dargestellt am Beispiel NRW), sind ein erster positiver Ansatz für eine Schule 4.0. Gleichwohl bleibt für eine gute Schule 4.0 aufseiten der Schulträger und Landesverantwortlichen noch eine Reihe von Fragen zu klären, deren Beantwortung gleichzeitig zu Gelingensbedingungen für eine erfolgreiche Medienintegration in deutschen Schulen führt. Gelingensbedingungen sind (angelehnt an eine Veröffentlichung aus Hamburg[38]), wenn die Lehrkraft …

- Alltagserfahrungen und eigenes Medienhandeln sowie Auswirkungen digitaler Medien auf Kinder, Jugendliche und Erwachsene einschätzen kann („Medienwelten kennen").
- über Kenntnisse im Datenschutz, Urheberrecht, Identitätsdiebstahl und Cyber-Mobbing verfügt.
- bei der Evaluation von digitalen Werkzeugen („Tools") vom Sammeln von Ideen über Strukturieren, Visualisieren und Kollaborieren bis hin zum Präsentieren über Kriterien verfügt, die die Unterrichtstauglichkeit bewerten.
- Webressourcen für den Unterricht kennt und die Material-Quellen auf ihre Nutzbarkeit für den eigenen Unterricht überprüfen kann.
- sich in einem schulinternen wie auch externen Netzwerk über Entwicklungen konkreter Unterrichtsszenarien und -konzepte austauscht.

---

[38] Digitales Lernen. In: Hamburg macht Schule. Heft 3–2016.
https://www.hamburg.de/contentblob/7021824/b189b109f4384194c050afece0a3bff7/data/hms-3-16.pdf. (Aufruf: 21.2.19).

„Die eigentliche Herausforderung besteht darin, das gemeinsame und das individualisierte Lernen in eine Balance zu bringen."[39]

(MEYER IN EINEM VORTRAG 2017)

Kapitel 4 – Guter Unterricht – analog

Was Sie in diesem Abschnitt erwartet

- Vorstellung wichtiger Persönlichkeitsmerkmale einer Lehrkraft
- Vorstellung inhaltlicher Dimensionen, über deren Berücksichtigung ein schülerorientierter Unterrichtsansatz gelingt
- Dimensionen und daraus abgeleitetes Stufenmodell guten Unterrichts

Wie schon in Kapitel 2 die Zusammenfassung von Norbert Landwehr deutlich gemacht hat, werden von den Forschern in der Kompetenzorientierung eher Chancen für einen guten Unterricht gesehen. Ausgangs- und Bezugspunkt für die Planung von Lernprozessen sind die Curricula. In der Regel werden hier keine Aussagen getroffen, wie ein Unterricht gestaltet sein muss. Häufig wird zwischen der Setzung von Standards – normierten Leistungserwartungen – und dem Anspruch, den individuellen Möglichkeiten, Lernwegen und Präferenzen der einzelnen Schülerinnen und Schüler gerecht zu werden, ein Widerspruch gesehen. *„Der Anspruch auf optimale individuelle Förderung und die Einhaltung von Bildungsstandards stehen in einem unauflösbaren Spannungsverhältnis zueinander. An einer guten Schule, in einem guten Unterricht lassen sich diese Spannungen ansatzweise dynamisch ausbalancieren, nicht jedoch auflösen."[40]* Mit anderen Worten: Man sollte sich und die Schülerinnen und Schüler mit Erwartungen, die kaum zu erfüllen sind, nicht überfordern.

Auf die Lehrkraftpersönlichkeit kommt es an

Ursprung aller Unterrichtsqualität ist die Lehrerpersönlichkeit, deren Haltung zu Lernenden und Unterrichtsgegenständen von übergeordneter Bedeutung ist. Ein Studienseminar hat in einem langjährigen Austauschprozess zwischen Ausbilderinnen und Ausbildern und angehenden Lehrkräften folgende Dimensionen einer Lehrpersönlichkeit beschrieben[41]:

Auftreten und Ausstrahlung

Worauf eine Lehrkraft achten sollte:

- Respektvolle und auf Wertschätzung ausgerichtete Verbal- und Körpersprache
- Blickkontakt bei Ansprache von Schülerinnen und Schülern
- Aufrechte Körperhaltung
- Die Stimme: sowohl in Bezug auf Lautstärke und Artikulation als auch bezüglich Modulation

Kontakt- und Empathiefähigkeit

Was eine Lehrkraft wissen sollte: Schülerinnen und Schüler schätzen …

- Wärme, Zuwendung, Toleranz und Authentizität der Lehrkraft.
- ein einfühlendes Verstehen aller Belange der Lernenden.
- einen sensiblen Umgang mit den Lernenden bei gleichzeitigem Vertrauen in deren Können.

---

[39] https://www.uni-oldenburg.de/fileadmin/user_upload/informatik/ag/didaktik/INFOSVORTRAG_2017_HilbertMeyer.pdf. (Aufruf: 14.2.19).

[40] https://li.hamburg.de/contentblob/4138846/e0d6a548046b31802b7570bfb95a8386/data/download-forum-sek-ii-2013-akzente-fuer-einen-lernwirksamen-unterricht.pdf. (Aufruf: 14.2.19).

[41] Vgl. http://lakk.sts-gym marburg.bildung.hessen.de/grundlagenpapiere/broschure_lehrkrafteakademie_in_teraktiv_v1_end_ms_09062017.pdf. (Aufruf: 14.2.19).

- die Entwicklung einer vertrauensvollen und gleichzeitig professionellen Beziehung zwischen Lehrkraft und Lernenden (auf Sachebene und Beziehungsebene).

Wertschätzung

Worauf eine Lehrkraft achten sollte:

- Sinnvolle Kommunikation zwischen Lehrenden und Lernenden gelingt nur auf der Basis gegenseitigen Respekts.
- Selbstkontrolle und Selbststeuerung sind wichtige (Regulations-)Teile im Kommunikationsprozess.
- Ein ernsthaftes Interesse der Lehrkraft an den Lernenden und Aufmerksamkeit für ihre Ideen und Vorstellungen ist der Türöffner für gelingende Zusammenarbeit mit den Schülerinnen und Schülern.
- Schülerinnen und Schüler „ticken" nicht gleich: Entwicklungsprozesse der Schülerinnen und Schüler sind unterschiedlich und demzufolge unterschiedlich zu begleiten.
- Schülerinnen und Schüler sind an einer vorurteilsfreien und wertschätzenden Kommunikation in der Lerngruppe interessiert.

Freude und Begeisterung

Was eine Lehrkraft wissen sollte: Schülerinnen und Schüler schätzen …

- eine Lehrkraft, die das Fach authentisch vermittelt.
- eine glaubwürdige und deutlich spürbare Expertise.
- ein positives Feedback zur Arbeit der Lernenden.

Klares und flexibles Agieren

Was eine Lehrkraft wissen sollte: Schülerinnen und Schüler schätzen …

- situationsangemessenes und flexibles Agieren, mithin Abweichung von zuvor mitgeteilter Ablaufplanung des Unterrichts.
- Strategien konstruktiver Konfliktbewältigung bei Konflikten zwischen Lehrenden und Lernenden sowie innerhalb der Lerngruppe.
- Berechenbarkeit ihres Lehrerhandelns durch Zuverlässigkeit und Gewissenhaftigkeit.

Klarheit des Rollenverständnisses / Selbstreflexion

Was eine Lehrkraft wissen sollte: Schülerinnen und Schüler schätzen …

- wenn die Lehrkraft die eigene Rolle durch Authentizität, Glaubwürdigkeit, Berechenbarkeit und Fachkompetenz verkörpert.
- wenn die Lehrkraft Raum für Selbst- und Fremdwahrnehmung schafft.
- die Bereitschaft und Fähigkeit der Lehrkraft zur Selbstreflexion in ihrer Rolle.
- ein ausgewogenes Verhältnis von Nähe und Distanz zwischen Lehrkraft und Lernenden.
- wenn die Lehrkraft die Rolle als Führungskraft gegenüber den Schülerinnen und Schülern einnimmt und dann Entscheidungen trifft und begründet.

Bedeutsamkeit lebensnaher und berufsrelevanter Kennzeichnung der Inhalte

„Didaktik ist die Beantwortung der Frage, was (Thema) wer (Lerngruppe) wie (Methodik) wozu (Relevanz / Bedeutsamkeit) lernt. Die didaktische Analyse ist damit Kernstück und zugleich übergeordnete Kategorie, unter der sämtliche Aspekte der Planung, Durchführung und Reflexion von Unterricht stehen. Im Zentrum didaktischer Überlegungen steht der jeweilige fachliche Inhalt (Thema) der Stunde / Reihe, der unter dem Aspekt der Schülerorientierung (Lernvoraussetzungen) und seiner Bedeutsamkeit fachlich korrekt reflektiert sein muss. Nur anhand eines zugänglichen, motivierenden und als bedeutsam wahrgenommenen Unterrichtsinhalts können unter Einsatz geeigneter, d.h. funktionaler Methoden fachliche und überfachliche Kompetenzen

ausgebildet und gefördert werden."[42] Heymann hat 1996 im Rahmen seiner Habilitationsschrift dem Mathematikunterricht sieben allgemeinbildende Aufgaben zugewiesen, die für jedes Fach Gültigkeit haben:

- Lebensvorbereitung
- Stiftung kultureller Kohärenz
- Weltorientierung
- Anleitung zum kritischen Vernunftgebrauch
- Entfaltung von Verantwortungsbereitschaft
- Einübung in Verständigung und Kooperation
- Stärkung des Schüler-Ichs

Es bietet sich an, diese Liste als Blaupause für die Themenauswahl für den Unterrichtsgegenstand zu nutzen. Sie ermöglicht eine Verknüpfung zwischen dem Wissen (z. B. Ballade im Fach Deutsch) und der Kompetenzerwartung (hier: die das Fach Deutsch für Balladen vorgibt). Die Lehrkraft entscheidet mit Blick auf ihre Lerngruppe, an welchem Unterrichtsgegenstand (hier (z. B.) Stiftung kultureller Kohärenz, Stärkung des Schüler-Ichs) sie die Kompetenzentwicklung festmacht. Dazu mehr, d. h. konkreter, in Kapitel 6 in Phase 1 des Prozessmodells. In den Printmedien (was anderes gab es ja Mitte der 90er-Jahre noch nicht …) wurde übrigens von den Journalistinnen und Journalisten gerne zusammenfassend eine andere provokante Aussage Heymanns hervorgehoben, dass nämlich mit der Vermittlung der Inhalte des Mathematikunterrichts bis Klasse 8 (im Wesentlichen: Addition – Subtraktion – Multiplizieren – Dividieren, Überschlagsrechnung, Dreisatz, Prozentrechnung) bereits eine ausreichende Berufsvorbereitung als erfüllt angesehen werden kann. Heymann appellierte an die Mathematiklehrkräfte, dieses Basiswissen bis in die Oberstufe hinein immer wieder in den Blick zu nehmen (im Sinne der Nachhaltigkeit).

(Stufen-)Plan zur Entwicklung eines guten Unterrichts

In jüngsten Veröffentlichungen beschreibt Heymann als Grundvoraussetzung lernwirksamen Unterrichts:

„Effektives Classroom-Management

als Sammelbegriff für alle Maßnahmen (Handlungen, Strategien), die dazu dienen, in der Klasse einen Rahmen für störungsfreies und zielgerichtetes Lernen herzustellen und aufrechtzuerhalten:

- *Disziplin*
- *Allgegenwärtigkeit (‚Augen im Hinterkopf')*
- *Reibungslosigkeit*
- *Gruppenfokus (Aufmerksamkeit für alle Schüler der Klasse)*
- *Abwechslung und Herausforderung*

Kognitive Aktivierung

Möglichst oft Aufgaben stellen, die sich nicht einfach durch abrufbares Wissen oder durch Anwendung von Routineschemata bearbeiten lassen, sondern aktive Problemlöseprozesse erfordern (Bekanntes neu verknüpfen, auf neue Situationen anwenden):

- *zielt darauf ab, aktive Denk- und Problemlöseprozesse in Gang zu setzen*
- *soll zu einer aktiven geistigen Auseinandersetzung mit dem Lernstoff führen*
- *fördert das Einbetten der zu lernenden Sachverhalte in größere Zusammenhänge und das Verstehen*
- *dient dem Aufbau gut vernetzter und transferfähiger Wissensstrukturen*
- *erleichtert die Anwendung des Gelernten in neuen Zusammenhängen*

---

[42] Ebd.

Individuelle Förderung

Unter dem Ziel der individuellen Förderung sind die entscheidenden Leitfragen nicht ‚Welcher Stoff ist laut Lehrplan / Schulbuch dran?‘ und ‚Was macht Schüler(in) X darauf bezogen falsch?‘, sondern:

- Was kann X schon und was kann X noch nicht?
- Was könnte das nächste Ziel sein, das X angesichts seines Lernpotenzials erreichen könnte?
- Was braucht X jetzt?

Wichtig: Ohne eine aktive Mitwirkung, ohne ein aktives Sich-Einlassen der Schüler kann individuelle Förderung nicht gelingen, d.h., den einzelnen Schüler entsprechend seinen Begabungen und Möglichkeiten optimal zu unterstützen setzt einen ‚Blick für‘ die Unterschiedlichkeit der Schüler und ein konkretes Einlassen auf ihre unterschiedlichen Lernvoraussetzungen voraus. Dies kann durch gezieltes ‚Diagnostizieren‘ unterstützt werden.

Feedback-Kultur

Effektives Lehren und Lernen ist auf Rückmeldungen, auf Resonanz und Austausch angewiesen. Unterrichtsqualität profitiert vom Feedback, das Schüler vom Lehrer, Schüler von Mitschülern, Lehrer von den Schülern, Lehrer von Kollegen bekommen.

Herausfordernde Ziele erhöhen die Effektivität und den Bedarf nach Feedback. Wenn das Ziel einfach ist, ist Feedback nicht nötig. Aber wenn es schwierig ist, besteht auch eine Notwendigkeit dafür.“

Was heißt das nun für die eigene unterrichtliche Praxis? Pietsch hat dazu ein Stufenmodell entwickelt, das im Folgenden näher vorgestellt wird und einer ersten Einschätzung des eigenen Unterrichts dienen kann.

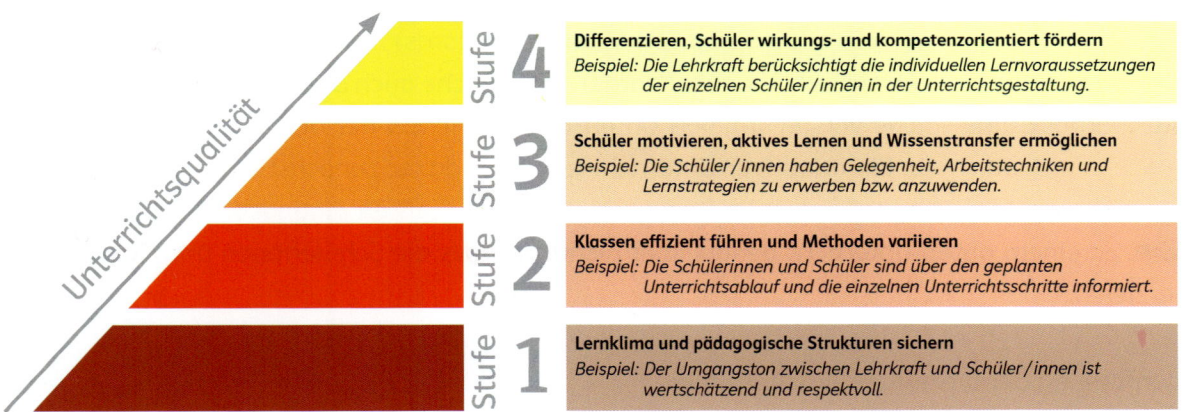

Unterrichtsqualität

Stufe 4 — Differenzieren, Schüler wirkungs- und kompetenzorientiert fördern
Beispiel: Die Lehrkraft berücksichtigt die individuellen Lernvoraussetzungen der einzelnen Schüler / innen in der Unterrichtsgestaltung.

Stufe 3 — Schüler motivieren, aktives Lernen und Wissenstransfer ermöglichen
Beispiel: Die Schüler / innen haben Gelegenheit, Arbeitstechniken und Lernstrategien zu erwerben bzw. anzuwenden.

Stufe 2 — Klassen effizient führen und Methoden variieren
Beispiel: Die Schülerinnen und Schüler sind über den geplanten Unterrichtsablauf und die einzelnen Unterrichtsschritte informiert.

Stufe 1 — Lernklima und pädagogische Strukturen sichern
Beispiel: Der Umgangston zwischen Lehrkraft und Schüler / innen ist wertschätzend und respektvoll.

Pietsch, Marcus: Stufenmodell der Unterrichtsqualität in: Dr. Marcus Pietsch, Was guten Unterricht kennzeichnet, 20.12.2013 – b&w-Artikel, https://gewbw.de/mitgliederzeitschrift-bw/alle-artikel/detailseite/neuigkeiten/was-guten-unterricht-kennzeichnet, Grafik © Rebecca Oettel (Aufruf: 10.9.19)

Guter Unterricht gelingt in Stufe 1, wenn ein gutes Lernklima geschaffen und dafür gesorgt ist, dass sich alle an der Schule grundsätzlich sozial akzeptiert, wertgeschätzt und sicher fühlen

Lehrerinnen und Lehrer können viel dazu beitragen, dass an ihrer Schule ein gutes Klima herrscht, in dem sich Schülerinnen und Schüler grundsätzlich wohl und akzeptiert fühlen. Ein Aspekt dabei ist die Frage, ob die Lehrkraft selbst den einzelnen Schüler akzeptiert und wertschätzt. Ob eine Lehrkraft einen bestimmten Schüler wertschätzt, kann sich auch darin ausdrücken, ob sie die Lernbedürfnisse des Schülers wahr- und ernst nimmt. In einer Studie mit hochbegabten Schülerinnen und Schülern fanden wir, dass die soziale Integration des Schülers in der Klasse auch damit zusammenhing, ob die Lehrkraft dazu bereit war, den hochbegabten Schüler im Unterricht stärker zu fördern, und damit seine besonderen Bedürfnisse anzuerkennen. Ein adaptiver Unterricht kann damit auch zu einem guten Klima beitragen. Ein positives Klima wiederum wirkt sich günstig auf die Leistungsbereitschaft, die Freude am Lernen und das Sozialverhalten aus.[43]

---

[43] Vgl. dazu auch: http://library.fes.de/pdf-files/studienfoerderung/13277.pdf. (Aufruf: 14.2.19).

Guter Unterricht gelingt in Stufe 2, wenn die Lehrkraft durch gelungenes Klassenmanagement eine effektive Nutzung der Lernzeit ermöglicht

Die Lehrkraft bietet kognitiv herausfordernde Lernaktivitäten an, sie strukturiert die Inhalte gut vor und bietet den Schülerinnen und Schülern ausreichende Unterstützung an. Dass Schülerinnen und Schüler selbst für sie passende Aufgaben und Inhalte auswählen, ist immer dann sinnvoll, wenn es darum geht, Kompetenzen zum selbstständigen Lernen aufzubauen, sollte also durchaus auch Raum haben – aber eben nicht immer. Weinert (1997) hat diese Überlegungen mit der Formulierung auf den Punkt gebracht, ein guter Unterricht sei *„lehrergelenkt, aber schülerzentriert"*. Selbstständig zu lernen, setzt voraus, kognitive Lernstrategien anzuwenden, den eigenen Lernprozess metakognitiv zu überwachen, die Motivation zu regulieren und die vorhandenen Ressourcen einzuteilen. Diese Fähigkeiten fallen aber nicht vom Himmel, sondern müssen in der Schule systematisch eingeübt werden.[44]

Guter Unterricht gelingt in Stufe 3, wenn der Unterricht kognitiv aktivierend ist

Durch kognitiv aktivierenden Unterricht wird das Interesse der Schülerinnen und Schüler geweckt und eine Lernhaltung gefördert, die zu einer aktiven Auseinandersetzung mit dem Inhalt, zu selbstständigem Denken und Handeln sowie zu selbstorganisiertem Lernen führt. Die kognitive Aktivierung der Schülerinnen und Schüler wird durch vielfache Zugänge zu einem Thema wahrscheinlicher (z.B. visuell, auditiv, ästhetisch, motorisch, haptisch).[45]

Guter Unterricht gelingt, wenn sich der Unterricht an Standards ausrichtet

Gleichzeitig erfordert er in der Konsequenz, dass auch Lernziele ausdifferenziert werden: Während es das Anliegen jeder Lehrkraft sein muss, möglichst alle Schülerinnen und Schüler ihrer Klasse zum Erreichen bestimmter unabdingbarer Lernziele (im Sinne von Mindeststandards) zu bringen, können viele Kinder der Klasse höher gesteckte Ziele erreichen (Regelstandards) und manche auch deutlich darüber liegenden Ziele (Optimalstandards). Eine solche Vorstellung von Unterricht weicht von der derzeitigen Unterrichtsrealität in vielen Schulen deutlich ab. Ein adaptiver Unterricht erfordert daher zunächst ein Umdenken bei vielen Lehrkräften, aber er fordert von den Lehrkräften auch ein hohes Maß an diagnostischer und didaktischer Kompetenz. Zu einem guten Unterricht gehört aber nicht nur, dass die Schülerinnen und Schüler Lernfortschritte erzielen.[46]

Zusammenfassung der bisherigen Ausführungen

Studien der letzten Jahre haben deutlich gemacht, dass sich die meisten Merkmale, die zu einem effektiven Unterricht führen, wiederum in drei basale Bereiche (auch Basisdimensionen genannt) zusammenfassen lassen: Klassenmanagement, schülerorientiertes, unterstützendes Unterrichtsklima sowie kognitive Aktivierung (Klieme & Rakoczy, 2008). Ein gelingender Unterricht ist entsprechend dadurch charakterisiert, dass a) die zur Verfügung stehende Lernzeit möglichst effizient und störungsfrei genutzt wird, b) die Lehrkraft Schülerinnen und Schüler beim aktiven Lernen konstruktiv unterstützt und c) Schülerinnen und Schüler Arbeitsaufträge erhalten, die sie zum Nachdenken und der aktiven mentalen Auseinandersetzung mit den jeweiligen Unterrichtsgegenständen anregen.

Welche Grundsätze lassen sich hieraus für die Unterrichtsentwicklung ableiten?

Ein gelingendes Klassenmanagement stellt zunächst die erforderliche Voraussetzung für ein gutes schülerorientiertes, unterstützendes Unterrichtsklima dar, welches wiederum eine notwendige Voraussetzung für eine erfolgreiche kognitive Aktivierung von Schülerinnen und Schülern und eine darauf aufbauende

---

[44] Ebd.

[45] Vgl. http://library.fes.de/pdf-files/studienfoerderung/13277.pdf. (Aufruf: 14.2.19).

[46] Vgl. dazu auch: https://www.gew-bw.de/aktuelles/detailseite/neuigkeiten/was-guten-unterricht-kennzeichnet/. (Aufruf: 14.2.19).

Lernautonomie ist. Der Fokus ist auf Merkmale der unterrichtlichen Tiefenstruktur zu legen, die einen Einfluss auf die Lernentwicklung von Schülerinnen und Schülern haben. D.h. weniger bestimmte Methoden, Strukturen oder pädagogische Settings sind für einen Lernerfolg relevant, sondern lernpsychologisch fundierte Merkmale, die Kognition, Motivation und Volition (Willenskraft) in den Blick nehmen. Den „guten Unterricht" im Sinne idealer Methoden, Sozialformen und Settings gibt es demnach nicht. Unterrichtsentwicklung muss sich daher darauf ausrichten, tiefenstrukturelle Merkmale zu optimieren.[47]

Guter Unterricht gelingt in Stufe 4, wenn er zu den Lernmöglichkeiten und den Lernbedürfnissen der einzelnen Schülerinnen und Schüler passt

Schülerinnen und Schüler lernen erfolgreich, wenn das zu Lernende an ihr Vorwissen und ihre Vorerfahrungen anknüpft und die Anschlussfähigkeit für weiteres Lernen gegeben ist. Dabei aktiviert der Unterricht sie dazu, eigene Vorstellungen einzubringen, die von der Lehrkraft für das Lernen im Unterricht genutzt werden (HRS). Sowohl ein Unterricht, der chronisch unterfordert, als auch ein Unterricht, der beständig überfordert, ist nicht sinnvoll. Passend ist ein Unterricht dann, wenn die gestellten Anforderungen in einem Bereich liegen, der oberhalb des aktuellen Wissensstands liegt, aber auch nicht zu weit davon entfernt. (…) Zwangsläufig erfordert dieses Anliegen einen Unterricht, der nicht für alle Kinder und Jugendlichen eines Jahrgangs gleich sein kann, sondern Differenzierungen unter anderem im Tempo, Niveau, dem Ausmaß der Unterstützung und Hilfestellung und der Zugänge enthält. Ein Unterricht, der auf diese Unterschiede eingeht, ist adaptiv, d.h. die Lehrkraft passt ihren Unterricht kontinuierlich an die Lernstände und Unterstützungsbedarfe der Schülerinnen und Schüler der Klasse an.[48]

Guter Unterricht gelingt in Stufe 4, wenn die Lehrkraft die Zielsetzung des Angebots für die Schülerinnen und Schüler transparent macht

Die Lehrkraft weist auf Wichtiges hin, stellt Zusammenhänge her, ordnet Neues in einen Gesamtzusammenhang ein und regt durch Aufgaben und Impulse anspruchsvolle Denkprozesse an. Die Lehrkraft erläutert und begründet die Unterrichtsziele bzw. die zu erwerbenden Kompetenzen auf verständliche Weise bzw. vereinbart sie mit den Schülerinnen und Schülern. Die Lehrkraft gibt zu Beginn einer Unterrichtseinheit oder -stunde einen Überblick über die Inhalte und den geplanten Ablauf sowie über den Zusammenhang zwischen Zielen und Anforderungen (z.B. Klassenarbeiten, Leistungsüberprüfungen).

Guter Unterricht gelingt in Stufe 4, wenn in jedem Fach Raum dafür ist, über Lernprozesse zu reflektieren

Schülerinnen und Schüler reflektieren ihr eigenes Lernen (Lernstrategien, Lernverhalten, Bedingungen, Ergebnisse). Dabei entwickeln sie zunehmend die Fähigkeit, ihre Denk- und Handlungsprozesse zu planen, zu beobachten, zu bilanzieren und zu steuern. Schülerinnen und Schüler erhalten durch die Lehrkraft eine individuelle Rückmeldung hinsichtlich der erkennbaren Lernfortschritte und der Entwicklungserwartungen. Dabei werden auch Aspekte der Leistungsbewertung verdeutlicht und in ein enges Verhältnis zum individuellen Lernprozess gebracht. Schülerinnen und Schüler erhalten gleichzeitig die Gelegenheit, ihr Selbstbild abzugleichen und eigene Vorstellungen bezüglich ihres weiteren Lernweges einzubringen.

Guter Unterricht gelingt in Stufe 4, wenn digitale Medien sinnvoll einbezogen werden

Die Lehrkraft unterstützt die Schülerinnen und Schüler in einer zunehmend medial ausgerichteten Lebenswelt durch Orientierung und leitet sie zu einem sachlichen, selbstbestimmten, kreativen und sozial verantwortlichen Handeln sowie zur gesellschaftlichen Partizipation an. Schülerinnen und Schüler nutzen Medien zur Organisation von Arbeitsprozessen (z.B. Recherche, Gestaltung, Zugriff auf Arbeitsmaterialien über das Intranet der Schule, Austausch mit anderen Schülerinnen und Schülern). Der Einsatz unterschiedlicher

---

[49] Vgl. http://library.fes.de/pdf-files/studienfoerderung/13277.pdf. (Aufruf: 14.2.19).

Medien trägt zur effizienten Gestaltung und Begleitung selbstgesteuerter Lernprozesse bei (u.a. Bücher, Zeitschriften, E-Portfolios, Lernprogramme).

Zusammenfassung

Kriterien und damit die Möglichkeit, den eigenen Unterricht zu hinterfragen, sind sicher sehr sinnvoll. In diesem Abschnitt sind bekannte Fachleute mit ihren Indikatoren zu einem „Guten Unterricht" vorgestellt worden. Blickt man auf die letzten vierzig Jahre zurück, so wird man das Gefühl nicht los, dass immer wieder alter Wein in neue Schläuche gefüllt wird:

- *„Vor vierzig Jahren war das der lernzielorientierte Unterricht,*
- *vor dreißig Jahren der handlungsorientierte Unterricht und der Projektunterricht,*
- *vor zwanzig Jahren die Wochenplanarbeit, die Freiarbeit und der fächerübergreifende Unterricht,*
- *vor zehn Jahren der kompetenzorientierte Unterricht*
- *und heute der individualisierte Unterricht."*

Diese Vermutung veranlasst den erfahrenen Pädagogen und Wissenschaftler Josef Leisen zu schreiben: *„Nicht ideologische Konzepte (Paradigma) und nicht die Merkmallisten guten Unterrichts machen guten Unterricht, sondern die alltägliche harte professionelle Arbeit am Lerner und mit dem Lerner an der Sache in einer Lerngruppe, in der mit Anstrengung und Konsequenz eine Lernkultur aufgebaut wurde."*[50]

Und genau darum geht es nun bei der Vorstellung eines Modells (SAMR), das den Einsatz digitaler Medien im Unterrichtsprozess geeignet zu klassifizieren hilft und dabei immer die Lernkultur im Blick hat.

---

[50] http://www.lehr-lern-modell.de/guterunterricht. (Aufruf: 14.2.19).

„Mit Medien gestalten, sich ausdrücken, informieren oder auch nur experimentieren bestimmt die Handlungsdimension. Sie soll die Fähigkeiten bezeichnen, Medien nicht nur zu konsumieren, sondern selbst aktiv zu gestalten als auch sie überhaupt handhaben zu können."[51]   (Prof. Aufenanger, Mainz)

Kapitel 5 – Guter Unterricht – digital

Was Sie in diesem Abschnitt erwartet

- Vorgestellt wird ein Modell (SAMR), das eine Einordnung von Einsatzmöglichkeiten digitaler Medien ermöglicht.
- Unterrichtsbeispiele, die das Modell an konkreten Beispielen vorstellt

Das SAMR-Modell

Wie wirkt sich die Digitalisierung auf die konkrete Ausgestaltung von Lehr-Lern-Situationen im Fachunterricht aus? In der Forschung hat sich das sog. SAMR-Modell durchgesetzt. Das Modell soll Pädagogen dabei helfen, Technologie sinnvoll in den Unterricht zu integrieren. Es orientiert sich an einer Revision der Bloom'schen Taxonomien von Lernzielen im kognitiven Bereich und deren leiterförmigem Aufbau von einer niedrigen Stufe hin zu einer hohen. Das von Dr. Ruben Puentedura entwickelte unten dargestellte Modell unterstützt und ermöglicht es Lehrkräften, den Einsatz digitaler Medien zu reflektieren bzw. zu beurteilen, in dem die vier Stufen eine Einschätzung darüber abgeben, wie Mehrwerte in der Nutzung von Medien entstehen können.[52]

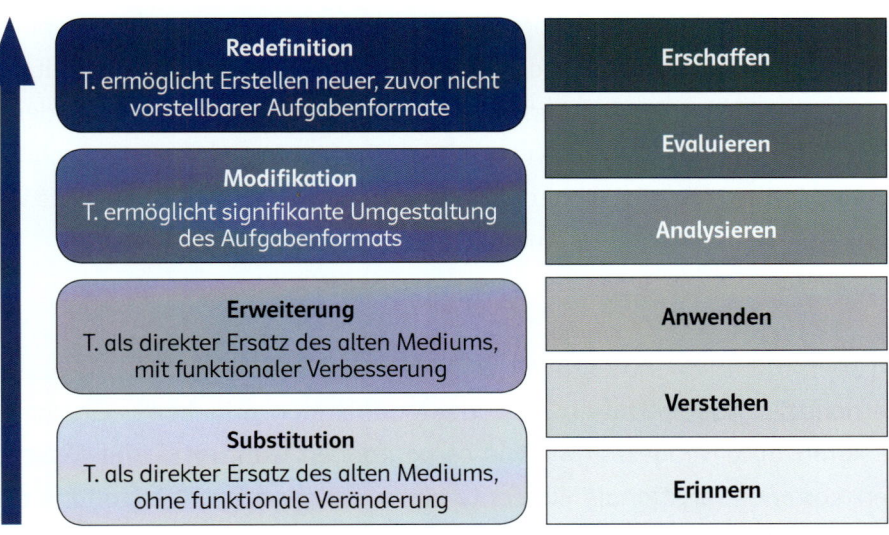

Ruben R. Puentedura Transformation, Technology and Education (2006) – http://www.hippasus.com/resources/tte/
Ruben R. Puentedura Focus Redefinition (18.06.2012) – http://hippasus.com/blog/archives/68
German translation, Adrian Wilke – http://homepages.uni-paderborn.de/wilke/blog/2016/06/SAMR-Puentedura-deutsch

Die vier Stufen des Modells ergänzen sich und stellen – jede Stufe für sich – eine Möglichkeit dar, die Medienkompetenz der Lernenden je nach Unterrichtssituation zu erweitern. Es geht also nicht um eine hierarchische Abfolge von Entwicklungsschritten, sondern um ein Analyseinstrument für die Möglichkeiten und Wirkungen digitaler Medien auf verschiedenen Ebenen. Zu betonen ist für das Verständnis von SAMR auch

---

[51] Vgl. https://www.bertelsmann-stiftung.de/fileadmin/files/BSt/Publikationen/GrauePublikationen/Studie_IB_iFoerderung_digitale_Medien_2015.pdf. (Aufruf: 20.2.19).
[52] Bastian, J./Aufenanger, S. (Hrsg): Tablets in Schule und Unterricht. Forschungsmethoden und -perspektiven zum Einsatz digitaler Medien. Springer VS 2017.

noch, dass es nicht um bestimmte Tools oder Apps geht, die einzelnen Stufen zugeordnet werden, sondern darum, wie diese unterrichtlich genutzt werden. Ein und dasselbe Tool kann unter Umständen auf verschiedenen Stufen, nur eben in einem anderen Unterrichtssetting zum Einsatz kommen.

Substitution / Ersetzung[53]

Digitale Medien lassen sich häufig ganz analog zu herkömmlichen Verfahren einsetzen. Das interaktive Whiteboard kann z. B. wie eine Kreidetafel genutzt werden. Einen Text kann man – statt aus dem Schulbuch – vom Bildschirm ablesen, die Arbeitsaufträge werden nicht in Papierform, sondern als PDF verteilt, die Dokumentenkamera wird wie ein Overheadprojektor benutzt. Dabei werden die Potenziale des digitalen Werkzeugs nicht ausgenutzt, wie z. B. beim interaktiven Whiteboard die Möglichkeiten der Speicherung von Tafelbildern, den Aufruf von Webseiten, das Einblenden einer Stoppuhr (z. B. für eine Partner- und Gruppenarbeit), oder die Funktionen des Textverarbeitungsprogramms, wie die Anzeige von Rechtschreibfehlern oder die Möglichkeit, digitale Bilder einzufügen, nicht verwendet. Allerdings: Wenn eine Lehrkraft oder eine Schule beginnt, mit digitalen Medien zu arbeiten, haben auch Szenarien, in denen digitale Medien analoge „nur" ersetzen, ihre Berechtigung.

Augmentation / Erweiterung

Auf der zweiten Stufe, der Erweiterung, dienen digitale Medien ebenfalls als ein direkter Ersatz für ein analoges Werkzeug, jedoch mit funktionalen Verbesserungen. Wie bereits oben beschrieben, wird z. B. die Zoomfunktion eines interaktiven Whiteboards genutzt, um kleinere Inhalte, etwa einer Zeichnung, vergrößert und für alle besser erkennbar darzustellen. Tafelbilder, die im Unterricht erstellt wurden, werden auf dem interaktiven Whiteboard gespeichert und bei Bedarf in der folgenden Unterrichtsstunde erneut aufgerufen. In der Textverarbeitung wird beispielsweise die Rechtschreibkorrektur genutzt, Grafiken werden integriert und eine automatische Nummerierung wird verwendet, Links zu anderen Inhalten werden integriert. Bei der Überarbeitung eines Textes werden Funktionen wie Löschen, Kopieren, Ausschneiden und Einsetzen genutzt. Der Einsatz des Geräts auf diesen Stufen ist damit jedoch keineswegs mit einer Steigerung der Qualität des Unterrichts gleichzusetzen, sondern eher mit einer Ausweitung der möglichen Arbeitsweisen. Mit anderen Worten: Methodisch bleibt der Unterricht ähnlichen Konzepten verschrieben, wie dem Unterricht nach der zuvor geübten Praxis mit rein analogen Medien. Allerdings bieten die erweiterten Möglichkeiten bereits Verbesserungen, wenn etwa durch multimediale Inhalte andere / mehr Lernkanäle angesprochen werden.

Modifikation / Veränderung

Die beiden oberen Stufen hingegen überschreibt Puentedura mit dem Label der Transformation und deutet damit auf eine Umwandlung des Lernens hin. Auf der dritten Stufe, der Modifikation, erlaubt der Einsatz digitaler Medien beispielsweise eine signifikante Neugestaltung von Lernaufgaben. Statt Lern- und Wissensinhalte einfach herunterzuschreiben, kommen funktionale Elemente hinzu, welche für die Gestaltung des Unterrichts selbst und die Gestaltung von Aufgaben für Schülerinnen und Schüler neue Dimensionen hinzufügen, etwa wenn dynamische Mathematiksoftware (Geogebra) entdeckendes Lernen unterstützt oder dazu dient, Rechenwege eigenständig zu kontrollieren. Oder: Tafelbilder, welche über ein interaktives Whiteboard aufgezeichnet wurden, werden nicht bloß im Unterricht erneut aufgerufen, sondern den Schülerinnen und Schülern online innerhalb einer Lernplattform oder über ein begleitendes Blog der Lehrenden zur Verfügung gestellt. Dort können sie dann von Schülerinnen und Schülern über eine Kommentarfunktion um weitere Informationen ergänzt oder mit Nachfragen oder kritischen Kommentaren versehen werden. Die

[53] Vgl. http://sgo2016.pbworks.com/w/page/116225493/Das%20SAMR%20Modell. (Aufruf: 20.2.19) und https://www.bertelsmann-stiftung.de/fileadmin/files/BSt/Publikationen/GrauePublikationen/Studie_IB_iFoerderung_digitale_Medien_2015.pdf. (Aufruf: 20.2.19) und Bastian, J.: Tablets zur Neubestimmung. In: Bastian, J./Aufenanger, S. (Hrsg): Tablets in Schule und Unterricht. Forschungsmethoden und -perspektiven zum Einsatz digitaler Medien. Springer VS 2017.

Textverarbeitung wird beispielsweise online genutzt mit der Möglichkeit von Kommentaren im Randbereich oder den kollaborativen Funktionen, um einen Inhalt gemeinsam zu erstellen. Digitale Medien unterstützen Lernende auf dieser Ebene dabei, ihren Lernprozess selbst zu gestalten und zu bewerten. Dabei bedürfen sie aber sicherlich weiter der Betreuung und Beratung durch die Lehrkraft.

Redefinition / Neudefinierung

Die vierte und letzte Stufe der Medienintegration wird erreicht, wenn digitale Medien dazu führen, dass bestehende Grenzen schulischen Lernens aufgebrochen und überschritten werden (Redefinition), was sowohl die Gestaltung des Unterrichts angeht wie auch die Art und Weise, wie Lernende Aufgabenstellungen bearbeiten. Beim Einsatz des interaktiven Whiteboards zeichnet die Lehrkraft die Entwicklung eines Tafelbildes oder eine Erklärung über eine Aufnahmefunktion auf und stellt sie den Schülerinnen und Schülern später online zur Nachbereitung und Vertiefung des Unterrichtsinhaltes zur Verfügung. Oder: Die Lehrkraft stellt ihrer Lerngruppe eine Aufnahme aus dem Youtube®-Kanal oder der Khan Academy® vorab zur Verfügung. Im Sinne von Flipped Classroom erhält die Lerngruppe dazu Arbeitsaufträge zur Vorbereitung einer Unterrichtsstunde (s. Kapitel 7). In Nutzung der Textverarbeitung kommen nun weitere digitale Möglichkeiten hinzu: Sie können mit selbst erstelltem Film- und Audiomaterial ergänzt werden. Es können Verbindungen zu Native Speakern aufgebaut werden, um den Text mit Originalstimmen zu ergänzen. Der Text kann innerhalb eines Lernmanagementsystems, auf einer Webseite, in einem Blog veröffentlicht und zur Diskussion gestellt werden. So ist eine neue Interaktivität geschaffen, die neue Lernaufgaben ermöglicht, digitale Medien werden darüber hinaus zur Reflexion und Dokumentation von Lernprozessen genutzt und / oder es wird über digitale Medien Expertise von außen in den Klassenraum geholt.

Unterrichtsbeispiele

Was leisten digitale Medien im Kontext zu verschiedenen Szenarien? Im Folgenden werden zu …

- „Individuelle Förderung heterogener Lerngruppen",
- Interaktives Whiteboard,
- Classroom Management,
- QR-Code,
- IGS, Mathematik, 6. Klasse, Erstellung einer Grafik mittels Umfrageergebnissen,
- Förderschule. Biologie, Entwicklung eines menschlichen Embryos im Mutterleib,
- Gymnasium, Physik, Oberstufe: Messung Fallgeschwindigkeit,
- IGS, Mathematik, 10. Klasse: Visualisierung von Funktionen (Graphen),
- Seminar einer Hochschule, Kunst

entsprechende Zuordnungen nach dem SAMR-Modell vorgenommen. Die Tabelle folgt einer Idee von Kerres / Heinen.[54] Die Unterrichtsbeispiele stammen aus „Tablets zur Neubestimmung des Lernens? Befragung und Unterrichtsbeobachtung zur Bestimmung der Integration von Tablets in den Unterricht"[55]. In diesen Beispielen wird durch einen Kommentar der Autorin aufgezeigt, warum die entsprechende Kategorie ausgewählt wurde.

---

[54] Vgl. https://www.bertelsmann-stiftung.de/fileadmin/files/BSt/Publikationen/GrauePublikationen/Studie_IB_iFoerderung_digitale_Medien_2015.pdf. (Aufruf: 20.2.19).

[55] Bastian, J./Aufenanger, S. (Hrsg): Tablets in Schule und Unterricht. Forschungsmethoden und -perspektiven zum Einsatz digitaler Medien. Springer VS 2017.

SAMR-Zuordnung „Individuelle Förderung heterogener Lerngruppen"[56]

Stufe	Individuelle Förderung heterogener Lerngruppen
Substitution Digitale Medien ersetzen analoge Medien ohne funktionale Erweiterung.	Im Kontext digitaler Förderung erhalten Lernende häufig Arbeits- und Übungsblätter, die ihrem aktuellen individuellen Lernstand angepasst sind. Auf dieser Stufe würden diese Arbeitsmaterialien nur als digitale Dateien zur Verfügung gestellt und nicht in Papierform.
Erweiterung Digitale Medien ersetzen bestehende Medien, bieten dabei aber funktionale Erweiterungen.	Auf der Stufe der Erweiterung werden Veränderungen erkennbar. Ergänzend zu Arbeitsblättern können Lehrkräfte an den Lernstand der Lernenden angepasste Audios und Videos zur Verfügung stellen. Dies können entweder Erklärvideos sein, mit denen sich Lernende Themen selbstständig erarbeiten können. Es können aber auch Beispiele sein, die den Lernstoff anschaulicher machen. Ein Beispiel wären Hörtexte im Fremdsprachenunterricht, die Lernende individuell steuern können. Eine andere Erweiterung wäre die digitale Aufzeichnung von Unterrichtsergebnissen, wenn etwa Tafelbilder digital gespeichert werden können oder die Ergebnisse von Gruppenarbeiten als gemeinsam erstelltes Dokument vorliegen.
Modifikation Mithilfe digitaler Medien können Lernaufgaben und Arbeitsweisen grundlegend verändert werden.	Im Kontext individueller Förderung sollen auch unterschiedliche Lernkanäle angesprochen werden. Dazu gehört nicht nur das Wahrnehmen von Informationen auf unterschiedlichen Wegen, sondern auch die Aufbereitung erworbenen Wissens in unterschiedlichen Darstellungsformen. Lernende können eigene Lernergebnisse als Audio oder Video aufbereiten. Diese Produkte können auch als Lernmaterialien von anderen Lernenden verwendet werden. Zudem ermöglichen digitale Medien, dass Lernende gemeinsam an Produkten arbeiten und alle Zugriff auf diese Produkte haben; so können „unterrichtsbegleitend" Blogs und Wikis entstehen, die den Lernfortschritt einer Gruppe (auch für eine interessierte (Schul-)Öffentlichkeit) dokumentieren. Mithilfe digitaler Tools können gezielt Förderbedarfe diagnostiziert werden. Auch können so passende Lerninhalte automatisiert und den Lernenden angeboten werden.
Redefinition Digitale Medien erlauben die Entwicklung von Lernaufgaben und Arbeitsweisen, die ohne diese nicht möglich gewesen wären.	Auf dieser Ebene findet eine Öffnung des Unterrichts über den Klassenraum hinaus statt. Lernende können Kontakte zu externen Experten aufbauen und so Wissen und Erfahrungen in den Lernprozess einbringen, die sonst nicht möglich wären. Lernende können digitale Portfolios anlegen und auf diese Weise (gemeinsam mit der Lehrkraft) ihren eigenen Lernfortschritt dokumentieren, beobachten und bewerten.

[56] https://www.bertelsmann-stiftung.de/fileadmin/files/BSt/Publikationen/GrauePublikationen/Studie_IB_iFoerderung_digitale_Medien_2015.pdf. S. 22. (Aufruf: 20.2.19).

SAMR-Zuordnung Interaktives Whiteboard (IW)[57]

Stufe	Beispiele
Substitution Digitale Medien ersetzen analoge Medien ohne funktionale Erweiterung.	Nutzung des interaktiven Whiteboards wie eine Kreidetafel, z.B. • Darstellung der Unterrichtsinhalte • Sicherung von Unterrichtsergebnissen Text (aus digitalem Schulbuch) auf dem interaktiven Whiteboard lesen wie in einem Schulbuch; Informationsbereitstellung via Webseite, App statt über Kopien; Brainstorming via Mindmap-Funktion des interaktiven Whiteboards statt über entsprechende Grafiken auf der Tafel
Erweiterung Digitale Medien ersetzen bestehende Medien, bieten dabei aber funktionale Erweiterungen.	Nutzung der Zoomfunktion, um kleinere Inhalte, etwa einer Zeichnung, vergrößert und für alle besser erkennbar darzustellen; Tafelbilder, die im Unterricht erstellt wurden, werden auf dem interaktiven Whiteboard gespeichert und bei Bedarf in der folgenden Unterrichtsstunde erneut aufgerufen. Bei Erstellung von Texten werden die Rechtschreibkorrektur genutzt, Grafiken integriert und eine automatische Nummerierung verwendet sowie Links zu anderen Inhalten integriert. Bei der Überarbeitung eines Textes werden Funktionen wie Löschen, Kopieren, Ausschneiden und Einsetzen genutzt. Über das Tablet in Kombination mit einem Projektor werden in Erweiterung der Funktion beispielsweise Internetseiten aufgerufen und Videos abgespielt.
Modifikation Mithilfe digitaler Medien können Lernaufgaben und Arbeitsweisen grundlegend verändert werden.	Über ein interaktives Whiteboard aufgezeichnete Tafelbilder werden den Schülerinnen und Schülern online innerhalb einer Lernplattform oder über ein begleitendes Blog des Lehrers zur Verfügung gestellt. Schülerinnen und Schüler können über eine Kommentarfunktion weitere Informationen ergänzen, Nachfragen stellen und kritischen Kommentare hinterlassen.
Redefinition Digitale Medien erlauben die Entwicklung von Lernaufgaben und Arbeitsweisen, die ohne diese nicht möglich gewesen wären.	Beim Einsatz des interaktiven Whiteboards zeichnet die Lehrkraft die Entwicklung eines Tafelbildes oder die Erläuterung eines Unterrichtsgegenstandes/-inhalts über eine Aufnahmefunktion auf und stellt sie den Schülerinnen und Schülern später online zur Nachbereitung und Vertiefung des Unterrichtsinhaltes zur Verfügung. Bei einer textorientierten Aufgabenstellung, können die Schülerinnen und Schüler ihren Beitrag um selbst erstelltes Video- und Audiomaterial ergänzen und als Datei abspeichern. Sie können externe Expertise via Skype®/Facetime® einbinden. Das entstandene Produkt veröffentlichen sie innerhalb eines Lernmanagementsystems.

---

[57] Vgl. http://sgo2016.pbworks.com/w/page/116225493/Das%20SAMR%20Modell. (Aufruf: 20.2.19).

SAMR-Zuordnung Classroom-Management[58]

Stufe	Beispiele
Substitution Digitale Medien ersetzen analoge Medien ohne funktionale Erweiterung.	Classroom Management System ● Lehrkraft verteilt anstelle von Kopien auf Papier Dateien (Textverarbeitungsdateien, Tabellen, PDF) und Schülerinnen und Schüler geben diese nach der Bearbeitung digital wieder zurück. ● Eine Dokumentenkamera oder ein Tablet in Kombination mit einem Projektor wird benutzt wie ein Overheadprojektor, nur mit dem Unterschied, dass es bei Letzterem keine Folien braucht. Stattdessen legt man Bücher, Hefte oder Ähnliches darunter.
Erweiterung Digitale Medien ersetzen bestehende Medien, bieten dabei aber funktionale Erweiterungen.	Bei der Nutzung eines Classroom Management Systems werden Arbeitsergebnisse eines Schülers für die gesamte Lerngruppe sichtbar gemacht. Differenziertes Arbeitsmaterial ist hinterlegt, aus dem die Schülerinnen und Schüler auswählen können.
Modifikation Mithilfe digitaler Medien können Lernaufgaben und Arbeitsweisen grundlegend verändert werden.	In einem Classroom Management System nutzen Lehrende die Funktionen des Systems zum individuellen und zeitnahen Feedback, Schülerinnen und Schüler nutzen es, um nicht nur vom Lehrenden verteilte Materialien bearbeitet zurückzugeben, sondern auch um eigene, individuell erstellte Materialien einzureichen. Sie nutzen es außerdem, um sich mit Mitschülern im Rahmen der Aufgabenstellung auszutauschen und gegenseitig zu unterstützen. Im Rahmen einer Gruppenarbeit werden die Ergebnisse dokumentiert. Die Mitglieder der jeweiligen Gruppe greifen gleichzeitig auf ihren geschützten Bereich zu und füllen es mit Inhalten (Texte, Bilder, eingebundene Videos, Links …).
Redefinition Digitale Medien erlauben die Entwicklung von Lernaufgaben und Arbeitsweisen, die ohne diese nicht möglich gewesen wären.	Ein Classroom Management System könnte vonseiten der Schülerinnen und Schüler genutzt werden, um … ● ein digitales Portfolio, also eine Sammlung und Dokumentation ihrer Unterrichtsarbeit in digitaler Form zu erstellen, ● eine Reflexions- bzw. Feedbackmöglichkeit zu schaffen. Vonseiten der Lehrkräfte könnten zusätzliche Funktionen (wenn datenschutzrechtlich abgeklärt) genutzt werden, um Eltern Einblicke in das Unterrichtsgeschehen zu geben und sie an den Unterrichtsergebnissen teilhaben zu lassen, aber auch um ihnen die Möglichkeit zu geben, sich aktiv über Kommentare und Anregungen einzubringen.

---

[58] Vgl. http://sgo2016.pbworks.com/w/page/116225493/Das%20SAMR%20Modell. (Aufruf: 20.2.19).

SAMR-Zuordnung QR-Code®[59]

Stufe	Beispiele
Substitution Digitale Medien ersetzen analoge Medien ohne funktionale Erweiterung.	QR-Code®s werden in der Offlinefunktion genutzt, um Schülerinnen und Schülern Hinweise zur Aufgabenlösung oder im Rahmen der Selbstkontrolle das Ergebnis selbst zu geben. Das kann z. B. die Lösung selbst sein oder ein Hinweis, auf welcher Seite im Schulbuch eine Hilfe zu finden ist.
Erweiterung Digitale Medien ersetzen bestehende Medien, bieten dabei aber funktionale Erweiterungen.	QR-Code®s werden genutzt, um Arbeitsblätter herunterzuladen und digital zu bearbeiten oder um zu Hilfestellungen und Erklärungen im Internet zu verlinken.
Modifikation Mithilfe digitaler Medien können Lernaufgaben und Arbeitsweisen grundlegend verändert werden.	Schüler erstellen eigene QR-Code®s, etwa um auf das Ergebnis ihrer Arbeit zu verweisen, und kleben diesen QR-Code® in das Arbeitsheft. QR-Code®s werden von der Lerngruppe genutzt, um einen interaktiven Parcours zu gestalten (z. B. via App wie Biparcours oder Actionbound).
Redefinition Digitale Medien erlauben die Entwicklung von Lernaufgaben und Arbeitsweisen, die ohne diese nicht möglich gewesen wären.	Schülerinnen und Schüler nutzen QR-Code®s bei der Erstellung eines Parcours für ihre Mitschülerinnen und Mitschüler.

---

[59] Vgl. http://sgo2016.pbworks.com/w/page/116225493/Das%20SAMR%20Modell. (Aufruf: 20.2.19).

SAMR-Zuordnung: IGS, Mathematik, 6. Klasse, Erstellung einer Grafik mittels Umfrageergebnisse[60]

Stufe	Beispiele
Substitution Digitale Medien ersetzen analoge Medien ohne funktionale Erweiterung.	Eine Schülergruppe überträgt Umfrageergebnisse (ausschließlich Zahlenwerte) in die Anwendung Microsoft® Excel. Sie nutzen keine anwendungsspezifischen Funktionen, um etwa Summen zu bilden. Sie befüllen lediglich die Tabellenvorlage. Kommentar Bastian: Das Tablet ist daher ein Ersatz für das übliche Werkzeug, etwa ein Arbeitsblatt oder Heft und Stift. Zwar hätte in einem Arbeitsheft zunächst eine Tabelle gezeichnet werden müssen, doch wäre die Arbeit ohne eine funktionale Veränderung auch auf dem Papier möglich gewesen.
Erweiterung Digitale Medien ersetzen bestehende Medien, bieten dabei aber funktionale Erweiterungen.	Anschließend präsentiert eine Gruppe die Ergebnisse ihrer Arbeit und schlägt mögliche Darstellungsweisen für die Umfrageergebnisse vor. Die Ergebnisse werden am Whiteboard als Bilder sichtbar, welche die Gruppe zur Referenz nutzt. Kommentar Bastian: Das Whiteboard bietet der Gruppe eine Möglichkeit zur Präsentation und Besprechung ihrer Ergebnisse.
Modifikation Mithilfe digitaler Medien können Lernaufgaben und Arbeitsweisen grundlegend verändert werden.	
Redefinition Digitale Medien erlauben die Entwicklung von Lernaufgaben und Arbeitsweisen, die ohne diese nicht möglich gewesen wären.	

---

[60] Vgl. Bastian, J.: Tablets zur Neubestimmung. In: Bastian, J./Aufenanger, S. (Hrsg): Tablets in Schule und Unterricht. Forschungsmethoden und -perspektiven zum Einsatz digitaler Medien. Springer VS 2017.

SAMR-Zuordnung Förderschule. Biologie, Entwicklung eines menschlichen Embryos im Mutterleib[61]

Zunächst zeigt die Lehrerin ein Video zu den unterschiedlichen Entwicklungsstufen. Im Anschluss wird in einer Arbeitsphase ein Stationenlernen mithilfe von QR-Codes umgesetzt. Die Besprechung der Arbeitsergebnisse erfolgt zum Abschluss der Stunde im Plenum.

Stufe	Beispiele
Substitution Digitale Medien ersetzen analoge Medien ohne funktionale Erweiterung.	Die Schülerinnen und Schüler gehen zu den ausgedruckten, an einer Pinnwand nebeneinander befestigten QR-Codes, scannen einen Code mit dem Tablet ein und gelangen zu einer hinterlegten Internetseite. Die Internetseiten enthalten ausschließlich Informationen in Textform. An ihrem Platz übertragen die Schülerinnen und Schüler die Informationen in ein ausgeteiltes Arbeitsblatt, das in Papierform vorliegt. Kommentar Bastian: Die Materialien hätten den Schülerinnen und Schülern auch in ausgedruckter Form zur Verfügung gestellt werden können, ohne dass es zu einer funktionalen Veränderung gekommen wäre.
Erweiterung Digitale Medien ersetzen bestehende Medien, bieten dabei aber funktionale Erweiterungen.	Während der Bearbeitung des Arbeitsblattes fragt die Lehrkraft, ob die Schülerinnen und Schüler auf ihnen unbekannte oder unverständliche Begriffe gestoßen seien, die der Klärung bedürfen. Eine Schülerin verweist auf ein für sie nicht bekanntes Wort. Sie verbindet das Tablet mit dem Beamer und präsentiert so die entsprechende Textstelle der Klasse. Kommentar Bastian: Durch die Präsentation des Tabletinhaltes auf dem Beamer können alle Schülerinnen und Schüler an der Suche nach der Bedeutung des unbekannten Wortes im Kontext des Textes teilhaben, sodass sich funktionale Verbesserungen ergeben.
Modifikation Mithilfe digitaler Medien können Lernaufgaben und Arbeitsweisen grundlegend verändert werden.	
Redefinition Digitale Medien erlauben die Entwicklung von Lernaufgaben und Arbeitsweisen, die ohne diese nicht möglich gewesen wären.	

[61] Ebd.

SAMR-Zuordnung Gymnasium, Physik, Oberstufe: Messung Fallgeschwindigkeit[62]

Die Lehrkraft beginnt die Stunde, indem sie eine Filmszene aus einem James-Bond-Film vorspielt. In dieser Szene wird der Protagonist auf dem Motorrad verfolgt, findet sich auf dem Dach eines Hauses wieder und fasst den Entschluss, über einen Abgrund hinweg auf ein anderes Dach zu springen. Die Lehrkraft stoppt den Film im Moment des Absprungs und fragt nach den physikalischen Voraussetzungen für das Gelingen des Sprungs. Zunächst findet die Diskussion darüber im Plenum statt. Im weiteren Verlauf der Stunde erhält die Klasse den Auftrag, mit einer App mehrere Versuche zur Messung von Fallgeschwindigkeiten durchzuführen. Zum Abschluss der Stunde zeigt die Lehrkraft die vollständige Szene mit dem erfolgreichen Sprung.

Stufe	Beispiele
Substitution Digitale Medien ersetzen analoge Medien ohne funktionale Erweiterung.	Kommentar Bastian: Technisch gesehen ersetzt das Whiteboard beispielsweise einen Videorekorder, mit dessen Hilfe ein Film gestartet und abgespielt wird. Es bringt keine funktionalen Verbesserungen mit sich.
Erweiterung Digitale Medien ersetzen bestehende Medien, bieten dabei aber funktionale Erweiterungen.	
Modifikation Mithilfe digitaler Medien können Lernaufgaben und Arbeitsweisen grundlegend verändert werden.	
Redefinition Digitale Medien erlauben die Entwicklung von Lernaufgaben und Arbeitsweisen, die ohne diese nicht möglich gewesen wären.	In der sich anschließenden Gruppenarbeit führt eine Gruppe einen Versuch durch und zeichnet den Fall einer Kugel mit der App Video Physics® auf. Die Gruppe verfeinert den Aufbau nach und nach, indem sie mithilfe eines Lineals einen Maßstab einbaut. Mit der App wird anhand der Videoaufnahme ein Graph erstellt, der die Fallgeschwindigkeit darstellt. Dazu spielt die Gruppe das Video Sekunde für Sekunde ab und markiert in jedem Standbild die Kugel. In Verbindung mit dem Maßstab erhält sie ein recht genaues Ergebnis. Kommentar Bastian: Dieser Versuch wäre ohne das Tablet bzw. die App kaum in einer Unterrichtsstunde möglich gewesen, da er sehr viel Aufwand erfordert hätte. Tablet und App ermöglichen hier eine Aufgabe, die in einem Unterricht ohne digitale Medien nicht bzw. nur mit einem höheren Zeit- und Arbeitsaufwand umsetzbar gewesen wäre.

[62] Ebd.

SAMR-Zuordnung IGS, Mathematik, 10. Klasse: Visualisierung von Funktionen (Graphen)[63]

Aufgabe der Schülerinnen und Schüler ist es, ein Arbeitsblatt mithilfe der App GeoGebra® umzusetzen. Am Ende der Arbeitsphase werden die Ergebnisse von einzelnen Schülerinnen und Schülern in GeoGebra® präsentiert, indem sie vom eigenen Platz aus ihre Lösungen via Apple TV und Beamer projizieren und erläutern. Abschließend wird im Plenum eine Regelableitung erörtert.

Stufe	Beispiele
Substitution Digitale Medien ersetzen analoge Medien ohne funktionale Erweiterung.	
Erweiterung Digitale Medien ersetzen bestehende Medien, bieten dabei aber funktionale Erweiterungen.	
Modifikation Mithilfe digitaler Medien können Lernaufgaben und Arbeitsweisen grundlegend verändert werden.	Die Herleitung der Ableitungsregel wird von der Lehrkraft an der Tafel moderiert. Als die Klasse an einer Stelle nicht weiterkommt, bittet die Lehrkraft eine Schülerin, ihren Graphen nochmals per Apple® TV und Beamer zu projizieren. Dieser Impuls führt anschließend zur Herleitung der Regel. Kommentar Bastian: Die Modifikation der üblichen Präsentationsfunktion an einer traditionellen Tafel hat ein schnelles Schülerergebnis ermöglicht, ohne an der Tafel alles rekonstruieren zu müssen.
Redefinition Digitale Medien erlauben die Entwicklung von Lernaufgaben und Arbeitsweisen, die ohne diese nicht möglich gewesen wären.	Während der Bearbeitung des Arbeitsblatts setzt einer der Schüler einen Regler für den Wert x ein, mittels dessen die Verschiebung des Graphen in Abhängigkeit der Reglerposition gezeigt werden kann. Kommentar Bastian: Die Visualisierung des Graphen durch eine interaktive Modifikation der App ist erst durch digitale Medien möglich geworden. Im traditionellen Unterricht ist diese dynamische Modifikation nicht möglich.

Abschließender Kommentar von Jasmin Bastian

„Es wird deutlich: In dieser Unterrichtsstunde werden mehrere pädagogisch-didaktische Potenziale des Tablets ausgeschöpft. Insgesamt zeigt sich, dass die in das Tabletprojekt eingebundenen Lehrkräfte die Geräte vor allem auf den drei unteren Stufen des Modells nutzen. Zum Teil findet eine sehr innovative Verwendung von Tablets und Apps statt, im Sinne einer Modifikation unterrichtlicher Funktionen. Zum größeren Teil aber werden Chancen und Potenziale noch zu wenig genutzt und das Gerät nur im Sinne einer Ersetzung oder Erweiterung eingesetzt. Sehr selten lässt sich bisher von einer Neubestimmung des Lernens sprechen, also einem Einsatz des Geräts für neue Aufgaben, die vorher nicht möglich waren. Denkbar ist, dass die geringe investierte Vorbereitungszeit der Lehrkräfte dazu führt, dass sie die Potenziale des Geräts (noch) nicht kennen. Eine Auseinandersetzung mit den Potenzialen des Tableteinsatzes könnte jedoch gerade dazu führen, dass im Unterricht mit den Geräten nicht einfach Gewohntes repliziert, sondern vielmehr Neues erprobt wird."

---

[63] Ebd.

Als abschließendes Beispiel einer SAMR-Kennzeichnung werden Erfahrungen von Rebecca Schmidt zum Fach Kunst vorgestellt. Auch wenn es sich um ein Hochschulseminar handelt, lässt sich das gut in die Schulwelt übertragen.

SAMR-Zuordnung Seminar Kunst[64]

Stufe	Beispiele
Substitution Digitale Medien ersetzen analoge Medien ohne funktionale Erweiterung.	iPad® für Notizen während der Seminarzeit nutzen. Mindmap mittels der beiden Apps Popplet Lite® und MindMaple Lite® erstellen.
Erweiterung Digitale Medien ersetzen bestehende Medien, bieten dabei aber funktionale Erweiterungen.	Mindmap mittels der beiden Apps Popplet Lite® und MindMaple Lite®, hier in Nutzung der Funktionen „Einfügen von Bildern" und „farbige Kennzeichnung" erstellen. Darüber hinaus eröffnen die Apps Etherpad® und / oder BaiBoard® Möglichkeiten zum kollaborativen Arbeiten (hier Sammeln und Kommentieren von Ideen, Einfügen von Links).
Modifikation Mithilfe digitaler Medien können Lernaufgaben und Arbeitsweisen grundlegend verändert werden.	Das Seminar hat das Lernmanagementsystem PANDA eingesetzt, um den Austausch von Dokumenten und Nachrichten zu ermöglichen / zu vereinfachen. Darüber hinaus wurde ein gemeinsames Wiki entwickelt und Möglichkeiten des Self-Assessments genutzt, z. B. Führen eines Lernjournals. Kernelement ist hier vor allem, dass die Studierenden die zu Hause erstellten Vorbereitungen während der Präsenszeit abrufen konnten.
Redefinition Digitale Medien erlauben die Entwicklung von Lernaufgaben und Arbeitsweisen, die ohne diese nicht möglich gewesen wären.	Neben der Erstellung von Wikis wurden die Dokumentationen und Präsentationen von erlerntem Wissen und Fähigkeiten in Form von Videos produziert. Darüber hinaus wurden erste Erfahrungen in völlig neuen und andersartigen Gestaltungsmöglichkeiten und Experimentierformen gesammelt (z. B. Augmented Reality). Zentral ist hier eine kritische und reflektorische Haltung. Apps wie Sketches® und Brushes® werden in der Regel zum Zeichnen und Malen verwendet, sind also – auch wegen der gleichzeitigen Möglichkeit eines „Rückgängigmachens" – im SAMR-Modell eher bei „Erweiterung" einzuordnen. Gleichzeitig bietet das iPad® aber die Möglichkeit, den Entstehungsprozess eines Bildes in Form eines Videos zu dokumentieren, Fotos auf unterschiedlichen Bildebenen einzufügen und zu bearbeiten. Damit sind völlig neue Aufgabenstellungen möglich, die eine Einordnung in diese Kategorie (Redefinition) rechtfertigen.

---

[64] Vgl. Schmidt, R.: Zum Einsatz von digitalen Lernplattformen und iPads in der kunstdidaktischen Hochschullehre. In: Zeaiter, H. (Hrsg.): Inverted Classroom – The next stage. Tectum-Verlag 2017. S. 17 ff.

Zusammenfassung[65]

Das Modell soll dazu anregen, die eigene Nutzung digitaler Medien im Unterricht zu analysieren. Das SAMR-Modell bietet die Möglichkeit, eine Aussage darüber zu treffen, auf welche Weise die digitalen Medien in den Schulunterricht integriert werden. Es beinhaltet nicht notwendigerweise auch eine Aussage über die Qualität des Unterrichts oder den Lernerfolg der Schülerinnen und Schüler. Auch wenn das Modell den Einsatz der Technologien vor allem in den höheren Stufen als wünschenswert kennzeichnet, kann die Umsetzung eines solchen Modells in den konkreten Unterricht nicht nach festen Schablonen erfolgen. Das Erreichen der höheren Stufen im Sinne einer vielfältigeren Nutzung ist kein Indikator für ein gutes Lehren und Lernen, vielmehr wird damit der Anspruch verbunden, nicht auf den unteren Stufen zu verharren, sondern auch neue Lernaufgaben möglich zu machen und das Lernen somit neu zu bestimmen. Digitale Medien sollen von Stufe zu Stufe mehr zu Werkzeugen werden, die durch den Lernenden gesteuert und eingesetzt werden.

„Das SAMR-Modell ist ein guter Weg, um selbst zu bewerten, wie effektiv die Technik auf Lehren und Lernen ist. Was macht SAMR so toll? Es ist seine Einfachheit: Es ist leicht zu verstehen und zu folgen. Es ist dann am effektivsten, wenn man es mit dem eigenen pädagogischen Verständnis abgleicht."[66]

---

[65] Vgl. https://www.bertelsmann-stiftung.de/fileadmin/files/BSt/Publikationen/GrauePublikationen/Studie_IB_iFoerderung_digitale_Medien_2015.pdf. (Aufruf: 20.2.19) und Bastian, J.: Tablets zur Neubestimmung. In: Bastian, J./Aufenanger, S. (Hrsg): Tablets in Schule und Unterricht. Forschungsmethoden und -perspektiven zum Einsatz digitaler Medien. Springer VS 2017.

[66] frei übersetzt nach https://thatedtechguy.wordpress.com/2015/03/09/guide-using-the-samr-model-to-guide-learning/. (Aufruf: 20.2.19).

„Jede einzelne Unterrichtsstunde und jede Unterrichtseinheit muss sich daran messen lassen, inwieweit sie zur Förderung und Weiterentwicklung inhaltsbezogener und allgemeiner Schüler-Kompetenzen beiträgt, und der Unterricht über längere Zeiträume hinweg muss so konzipiert sein, dass der Aufbau von Kompetenzen im Zentrum steht. Die wichtigste Frage ist nicht ‚Was haben wir durchgenommen?‘, sondern ‚Welche Vorstellungen, Fähigkeiten und Einstellungen sind entwickelt worden?‘"[67]   (WERNER BLUM)

Kapitel 6 – Prozessmodell – analog

Was Sie in diesem Kapitel erwartet

- Vorstellung eines Lehr-Lernkonzepts (Prozessmodell)
- Darstellung des Potenzials des Prozessmodells zum Umgang mit heterogenen Lerngruppen

Vorstellung eines Lehr-Lernkonzepts (Prozessmodell)

Heymann stellte 2013 Umfrageergebnisse zum Thema „Umsetzung Binnendifferenzierung" vor[68]:

Aus eigener Umfrage:

- *„… gibt es nicht, außer in den Köpfen von Hochschullehrern"*
- *„… keine Notwendigkeit: Ich will doch die Unterschiede zwischen den Kindern nicht noch vergrößern"*
- *„… sag das für viele: Die Angst des Lehrers, den großen Zügel zu verlieren, ist unendlich groß"*

Sowie aus anderen Quellen – Wischer / Trautmann:

- *„Binnendifferenzierung ist für mich das Wort des schlechten Gewissens … da gibt es einen Anspruch, aber ich tue es nicht, also bin ich ein schlechter Lehrer"*

Solzbacher:

- *„90 Prozent hielten individuelle Förderung für unmöglich, meinen, Individualisierung sei ‚zu anstrengend'"*

Diesen Aussagen wird nun ein Modell gegenübergestellt, von dem viele, die es ausprobiert haben, sagen (eigene Umfrage):

- *„Endlich kann ich mich mehr um meine Schülerinnen und Schüler kümmern."*
- *„Ich fühle mich entspannt in meinem Unterricht …"*
- *„Durch die Feedbackschleifen weiß ich mehr von meinem Unterricht und die Schülerinnen und Schüler mehr von ihrem Lernprozess."*

In einem Flyer zur Einführung eines der Kompetenzorientierung gerecht werdenden Lehr- und Lernkonzepts hat das seinerzeit dafür verantwortliche Amt für Lehrerbildung gefragt: „Wie könnte Unterricht aussehen, den möglichst alle Schülerinnen und Schüler gern und erfolgreich besuchen – ein Unterricht, der wesentlich dazu beiträgt, Kompetenzen zu erwerben, um in der Schule, im privaten und beruflichen Leben Herausforderungen verantwortungsvoll meistern und zur Mitgestaltung von Gemeinschaft beitragen zu können?

Das Prozessmodell (vgl. Abbildung) soll der Verständigung aller dienen, die in ihren jeweiligen Bereichen Verantwortung für Schule und Unterricht übernehmen, und somit Orientierung in der Diskussion über

[67] Blum, W./Drüke-Noe, Ch./Hartung, R./Köller, O. (Hrsg.): Bildungsstandards Mathematik konkret. Sekundarstufe I: Aufgabenbeispiele, Unterrichtsanregungen, Fortbildungsideen. Cornelsen Scriptor. 2008, 4. Auflage, S. 15 ff.

[68] https://li.hamburg.de/contentblob/4138846/e0d6a548046b31802b7570bfb95a8386/data/download-forum-sek-ii-2013-akzente-fuer-einen-lernwirksamen-unterricht.pdf. S. 16. (Aufruf: 21.2.19).

gelingende Lehr- und Lernprozesse geben. Das Schaubild stellt, wie die Spirale andeutet, einen Lehr-Lern-zyklus dar, der in eine Folge von Lehr-Lernzyklen eingebunden ist, die insgesamt einen langfristigen Kompetenzerwerb ermöglichen sollen. Lehr-Lernzyklen können eine unterschiedliche Dauer haben. Es kann sich zum Beispiel …

- um die Bearbeitung einer Lernaufgabe,
- um eine fachbezogene Unterrichtseinheit,
- um ein fächerübergreifendes Projekt oder
- um die langfristige Entwicklung von Kompetenzen mit wechselndem Inhaltsbezug (etwa beim Aufbau von Argumentationskompetenz) handeln.

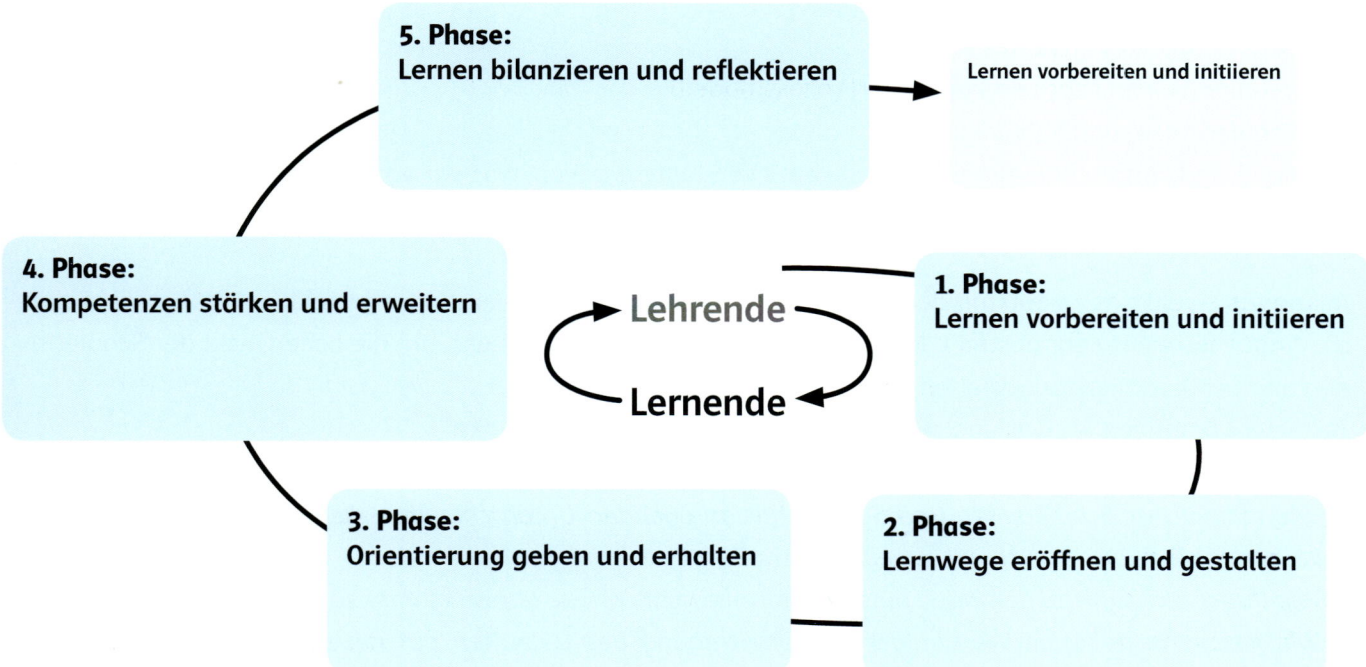

Bei der Zusammenstellung der Unterrichtseinheiten ist darauf zu achten, dass in besonderem Maße zu Beginn eines Lernprozesses Lernzusammenhänge begreifbar gemacht werden, indem Zieltransparenz hergestellt wird, offene und komplexe Lernaufgaben bereitgestellt werden, um differenzierte Zugänge und unterschiedliche Lernwege zu ermöglichen und um Kommunikationsanlässe zu schaffen.

Kerstin Tschelkan: *„Kompetenzorientierung in der Planung gezielter Lehr-Lern-Situationen verlangt*
- *das konsequente Ausgehen von den zu erreichenden Kompetenzen*
- *die Ableitung von Kenntnissen, Fertigkeiten und Haltungen, die benötigt werden, um kompetent zu handeln*
- *die Entscheidung darüber, welche Kenntnisse, Fertigkeiten und Haltungen zum jeweiligen Zeitpunkt erworben werden müssen*
- *Aufgaben und Fragen, die in ihrem Zusammenhang das Potenzial haben, Schülerinnen und Schüler die Dinge nicht nur kennenlernen, sondern auch verstehen zu lassen*
- *komplexe, für die Schüler neue Aufgaben, die sie nur unter Zuhilfenahme der erworbenen Kenntnisse und Fertigkeiten bewältigen können.“*[69]

---

[69] Tschekan, K.: Kompetenzorientiert unterrichten. In: Rolff, H. G. (Hrsg.): Handbuch Unterrichtsentwicklung. Beltz-Verlag 2015.

Darstellung des Potenzials des Prozessmodells

Zur Illustration des Prozessmodells wird das Schulcurriculum der Robert-Bosch-Gesamtschule genutzt. Es zeichnet sich durch eine spiralcurricular aufgebaute Kennzeichnung der fachlichen und überfachlichen Kompetenzbeschreibungen aus. Hier sei nun das Fach Deutsch mit der Unterrichtseinheit Balladen (Jahrgang 7) ausgewählt.[70]

1. Phase: Lernen vorbereiten und initiieren

Aus Lehrerinnen- und Lehrersicht:

- Bezug zu Kern- und Schulcurriculum bzw. Lehrplänen
- Lernausgangslage
- Transparenz der Kompetenzerwartungen
- affektive und kognitive Aktivierung

Aus Schülerinnen- und Schülersicht:

„Ich weiß und kann schon etwas. Ich habe eine Vorstellung davon, was wir vorhaben. Ich stelle Fragen und entwickle Ideen."

In Kapitel 4 wurde Heymann mit den sieben Themen zum Unterrichtskanon vorgestellt (S. 26). Zunächst sind die sieben Bereiche sehr abstrakt. Manche Lehrkräfte nutzen diese Phase, um die Lebenswelt der Schülerinnen und Schüler miteinzubeziehen.

Bei einer kognitiven Aktivierung stehen folgende Fragen im Mittelpunkt:

- *„Warum ist es wichtig, den Kenntnisstand vor dem Unterricht zu erfassen?*
- *Wie können wir Schülerinnen und Schüler mit anregenden Unterrichtseinstiegen besser auf das Lernen vorbereiten?*
- *Wie lassen sich Kontrastierungen nutzen, um Unterrichtsinhalte lernwirksamer zu vermitteln?*
- *Wie kann mit geistigen Werkzeugen die Übertragung des Gelernten auf neue Situationen unterstützt werden?*
- *Welche Aufträge eignen sich zur Vertiefung des Wissens?*
- *Wie können wir die Lernenden darin unterstützen, Fehlvorstellungen zu bemerken und zu ersetzen?*"[71]

Am Beispiel Deutsch:

Balladen erzählen in knapper und konzentrierter Form eine Geschichte, die szenisch dargeboten wird: Häufig treten in einer Ballade mehrere Sprecher auf; Teile der Handlung werden dialogisch in wörtlicher Rede wiedergegeben. Kulturell sind die Balladen im deutsch- und französischsprachigen Raum angesiedelt. Somit bieten sich im Heymann'schen Sinne eine Reihe von Anknüpfungspunkten an.

Am Beispiel Balladen der Robert-Bosch-Gesamtschule:

In einem Lehr-Lernzyklus wird den Schülerinnen und Schülern zu Beginn mitgeteilt, dass mit dem Thema Balladen ein bereits im Jahrgang 5 vermitteltes Thema Märchen und neue Fachinhalte verbunden sind. Die Lehrkraft teilt einen Test aus, anhand dessen die Schülerinnen und Schüler erschließen können, inwieweit sie noch über das Wissen aus dieser Unterrichtseinheit verfügen. Sie sichert zu, dass dieser Test nicht bewertet wird und ihr nur zur Erfassung des Vorwissens dient. Anschließend sorgt die Lehrkraft für den Anschluss an das neue Thema Balladen, indem sie die Absichten beschreibt, die mit dem neuen Thema verbunden sind. Darüber hinaus erläutert die Lehrkraft die im Lernentwicklungsbericht ausgewiesenen Kompetenzbereiche.

---

[70] Vgl. https://robert-bosch-gesamtschule.de/curriculum/curriculum-7-jahrgang/. (Aufruf: 21.2.19).

[71] Vgl. https://docplayer.org/39752627-Hatties-big-ideas-fuer-die-schulische-Praxis-Teil-2-Anregungen-fuer-einen-gelungenen-Unterrichtsverlauf.html (Aufruf 21.2.19)

Abschließend erfragt die Lehrkraft bei den Schülerinnen und Schülern die spezifischen Lernbedürfnisse, die sie in diesem Bereich vor dem Hintergrund dieser Vorgaben haben, welche Interessen und welche persönlichen Haltungen sie damit verbinden.

Damit ist eine Ausgangslage gegeben, um Lernangebote bereitzustellen.

2. Phase: Lernwege eröffnen und gestalten

Aus Lehrerinnen- und Lehrersicht:

- Situierung
- Anforderungssituationen (Lernaufgaben)
- Anknüpfung und Vernetzung
- Konstruktion und Instruktion
- Dokumentation der Lernwege

Aus Schülerinnen- und Schülersicht:

„Ich arbeite alleine und mit anderen. Ich habe Ziele und erhalte Unterstützung. Ich nutze mein Können und lerne Neues. Ich sammle und zeige Spuren meiner Arbeit."

Am Beispiel der Unterrichtseinheit:

Die Lehrkraft kennt die Ergebnisse aus dem Test und die Rückmeldungen der Schülerinnen und Schüler zu deren Bedürfnisse an den von der Lehrkraft vorgestellten Erwartungshorizont. Nun kommt es darauf an, Anforderungssituationen für alle Lernenden auszuwählen, die motivierendes Arbeiten und Lernfortschritte ermöglichen. Sie sollten einerseits bewältigbar sein und andererseits herausfordernde Leistungserwartungen signalisieren. Die Lehrkraft hat dabei das Schulcurriculum im Blick, das methodisch (freien) Vortrag, szenisches Spiel, Schreibkonferenz vorsieht. In Nutzung digitaler Medien berücksichtigt die Lehrkraft bei dieser Unterrichtseinheit Bild- und Tonaufzeichnungen über AV-Medien sowie die Arbeit am PC / Laptop mit einer Textverarbeitung. Verabredungen zur Dokumentation ermöglichen Einsichten in die Nutzung der Lernangebote durch die Lernenden, die wiederum eine Grundlage für Reflexion und Feedback sind.

3. Phase: Orientierung geben und erhalten

Aus Lehrerinnen- und Lehrersicht:

- Lernstandsfeststellung (formativ: beurteilend, orientierend, unbewertet)
- Selbst- und Mitschülereinschätzung
- Feedback: Lerngespräche
- Stärkung und Ermutigung

Aus Schülerinnen- und Schülersicht:

„Ich weiß, was ich schon kann und woran ich noch arbeiten muss. Ich bekomme Rückmeldung und Beratung. Ich setze mir neue Ziele."

4. Phase: Kompetenzen stärken und erweitern

Aus Lehrerinnen- und Lehrersicht:

- Differenzierte Anforderungssituationen: Übung, Vertiefung, Anwendung und Transfer

Aus Schülerinnen- und Schülersicht:

„Ich arbeite auf meine Ziele hin und erhalte dabei Unterstützung. Ich nutze mein Wissen und Können – auch in für mich neuen Situationen. Ich erprobe und festige, was ich gelernt habe."

Am Beispiel der Unterrichteinheit 4. und 5. Phase zusammengefasst:
Selbst- und Mitschülereinschätzung sowie Lerngespräche geben Orientierung und dienen der Auswahl von Angeboten für eine anschlussfähige Lernentwicklung, für Transfer oder auch für die Auswahl eines neuen Zugangs zum Lerngegenstand. Mehrfach gelingt das durch sogenannte Selbsteinschätzungsbögen, die sich vielfach auch in Schulbüchern wiederfinden („Check up").

In solchen Phasen sind Handlungsfelder eng verwoben und zeitlich nicht mehr zu trennen. Gerade hier finden sich der Raum und die Zeit, sowohl leistungsschwachen wie auch -starken Schülerinnen und Schülern im besonderen Maße gerecht zu werden, auch in Übernahme der Aufgabenteile aus der Konstruktions- und Instruktionsphase im zweiten Teil des Zyklus.

5. Phase: Lernen bilanzieren und reflektieren

Aus Lehrerinnen- und Lehrersicht:

- Anforderungssituationen (Leistungsaufgaben)
- Leistungsfeststellung (summativ: bezogen auf Kompetenzniveaus, i.d.R. bewertet)
- Reflexion
- Perspektiven

Aus Schülerinnen- und Schülersicht:

„Ich weiß, welche Ziele ich erreicht habe und wo ich stehe. Ich halte fest, was ich mir vornehme. Ich bringe meine Vorschläge für die Weiterarbeit ein."

Am Beispiel der UE:

Die Lernentwicklungsberichte zeigen am Ende der Unterrichtseinheit Ballade u.a. auf, welche Lernfortschritte die einzelnen Schülerinnen und Schüler im Umgang mit Informationen aus Texten erreicht haben. Die Auswahl der im Rahmen einer Klassen- und/oder Projektarbeit orientiert sich dabei an den curricularen Setzungen.

„Sprechen und Zuhören:

Die Schülerinnen und Schüler bereiten einen kurzen Vortrag vor, indem sie Informationen sammeln, Notizen anlegen und den Ablauf gestalten, halten einzeln oder in Gruppen vorbereitete kleine Vorträge (vertiefend: tragen überwiegend frei vor), wenden grundlegende Gestaltungsmöglichkeiten des Vorlesens und des auswendig gelernten Textes an (Betonung, Variation Stimmlage), gestalten Rollenspiele zu ausgewählten Balladen.

Schreiben:

Die Schülerinnen und Schüler drücken ihr Textverständnis aus, indem sie Balladen mithilfe von Leitfragen inhaltlich zusammenfassen (Inhaltsangabe), gehen produktiv mit Balladen um, indem sie Parallel- und Gegentexte schreiben, Texte um- und weiterschreiben, Texte in andere Medien transformieren (z.B. Hörspiel), entwickeln und beantworten Fragen zu Balladen und zu deren Gestaltung, charakterisieren die Handlungsträger, belegen Textstellen und zitieren korrekt.

Lesen – Umgang mit Texten und Medien:

Die Schülerinnen und Schüler lesen Texte mithilfe von Strategien zum Leseverstehen, indem sie Wörter und Begriffe aus dem Kontext klären und Textabschnitte inhaltlich zusammenfassen, sie kennen die literarische Form der Ballade und ihre Merkmale (epische, lyrische, dramatische Elemente), verfügen über produktive und analytische Verfahren der Textinterpretation, indem sie exemplarisch Fachbegriffe zur Untersuchung von Texten anwenden (vertiefend: erzählen aus einer anderen Perspektive), wenden unter Anleitung Methoden und Arbeitstechniken zum Textverstehen an.

Sprache und Sprachgebrauch untersuchen:

Die Schülerinnen und Schüler erkennen Textmerkmale für unterschiedliche Intentionen von Balladen, (v)erfügen über einen erweiterten Wortschatz (Fachbegriffe), sie benennen Stilmittel und beschreiben ihre Funktion im Text, vermeiden und korrigieren Fehlschreibungen, u. a. durch richtiges Abschreiben und Nachschlagen in Wörterbüchern."[72]

Die Lehrkraft greift abschließend die Rückmeldungen der Schülerinnen und Schüler zu deren Bedürfnissen auf (vgl. 1. Phase des Zyklus) und bittet diese um eine Rückmeldung (Vorschläge zu Instrumenten folgen im abschließenden Kapitel dieses Buches), inwieweit sie den Wünschen gerecht geworden ist. Umgekehrt gibt die Lehrkraft eine zusammenfassende Rückmeldung zu ihren Unterrichtsbeobachtungen, z. B. zur Partner- und Gruppenarbeit beim szenischen Spiel, zum Einsatz der digitalen Medien. Mögliche Vereinbarungen für eine Optimierung des Lehr-Lernzyklus der nächsten UE schließen den Zyklus ab.

Weitere Erfahrungen aus der Praxis

Höfer / Steffens haben sich um die Übersetzung und Analyse der Hattie-Studie sehr verdient gemacht und haben – Hattie zitierend – folgende Anregungen für einen gelungenen Unterrichtsverlauf gegeben:

„Die Lernenden befinden sich während einer Unterrichtsstunde nicht durchgehend in einem hoch motivierten Zustand. Die Lehrkraft steht daher vor der Aufgabe, Motivationsschwankungen wahrzunehmen und mit diesen während des Unterrichtsverlaufs umzugehen. Hattie verweist auf ein Motivationsmodell in vier Phasen („phases of motivation'), wobei es sich im Kern um ein gegliedertes Lernmodell handelt:

,See the gap': Zunächst geht es darum, den Abstand zu erkennen zwischen dem Ort, an dem sich der Lernende gerade befindet, und dem, zu dem er sich im Lernprozess hin entwickeln soll.

,Goal-setting': Wenn dem Lernenden genügend Informationen vorliegen, geht es darum, eine Zielsetzung vorzugeben und einen geeigneten Weg dorthin zu planen.

,Strategies': Wenn das Ziel und eine Planung vorliegen, gilt es, geeignete Strategien auszuwählen, anzuwenden und einzuleiten, um das gesetzte Ziel zu erreichen.

,Close the gap': Der im ersten Schritt erkannte Abstand zwischen der Ausgangslage und der im zweiten Schritt vorgenommenen Zielplanung sollte nun nicht mehr bestehen. Wenn der Lernende seine erfolgreiche Zielerreichung erkennt, ist er bereit für weitere, sich anschließende Lernprozesse und Entwicklungen."[73]

Die Heterogenität in den Klassen erfordert angemessene Formen der Differenzierung im Unterricht. Hattie unterscheidet bei diesem Prozess drei Phasen der Kompetenzentwicklung, die sich teilweise überlagern: Anfänger („novice"), Fortgeschrittener („capable") und umfassend Fachkundiger („proficient"), bei der es folgende Fragen zu berücksichtigen gilt: Ist der Lernende ein Anfänger, ein Fortgeschrittener oder ein Fachkundiger? Wo liegen seine Stärken? Welche Form der Unterstützung benötigt er, um bestehende Lücken zu schließen und die gesteckten Ziele zu erreichen? Die Phasen sind jeweils auf überschaubare thematische Zusammenhänge gerichtet. Erreicht ein Lernender in einem Themenfeld die höchste Entwicklungsstufe, ist es Aufgabe der Lehrkraft, mit schwierigeren Aufgabenstellungen einen neuen Lernprozess anzustoßen. Dabei beginnt der Lernende erneut als „Anfänger" und durchläuft alle Stadien bis zum „Fachkundigen".

Der Unterricht sollte so gestaltet sein, dass sich alle Schülerinnen und Schüler eingeladen fühlen, an Lernprozessen auf der Grundlage von Respekt, Vertrauen und Optimismus teilzunehmen. Hattie empfiehlt Lehrerinnen und Lehrern, die Lernprozesse in ihrer Klasse stets aus der Perspektive der Lernenden zu sehen („to see learning through the eyes of students"). Dabei gilt es, in einem dialogischen Prozess sicherzustellen, dass auch die Lernenden ihre Lehrpersonen mit all jenen Informationen versorgen, die diese benötigen, um den Unterricht sachgerecht planen und durchführen zu können. Hattie schlägt vor, dieses Feedback im Unterricht als Antwort auf drei Fragengruppen zu verstehen:

---

[72] https://robert-bosch-gesamtschule.de/curriculum/curriculum-7-jahrgang/. (Aufruf: 21.2.19).

[73] https://docplayer.org/39752627-Hatties-big-ideas-fuer-die-schulische-praxis-teil-2-anregungen-fuer-einen-gelungenen-unterrichtsverlauf. html. (Aufruf: 21.2.19).

__„Where am I going?"__ – Wohin bewege ich mich in meinem Lernprozess? Was sind dabei meine Ziele?
__„How am I going?"__ – Wie komme ich voran? Welchen Fortschritt kann ich hinsichtlich meiner Ziele erkennen?
__„Where to go next?"__ – Wohin bewegt sich mein Lernprozess im nächstfolgenden Teilschritt? Was ist zu veranlassen, damit sich ein noch besseres Vorankommen ergeben kann?

Feedback als häufige und schnelle Rückmeldung zum Lernverlauf („rapid formative assessment") zählt nach Hattie zu den wirkungsvollsten Verfahren, um die Unterrichtsqualität zu erhöhen und die Schülerleistungen zu verbessern.

Kompetenzorientiertes Lernarrangement

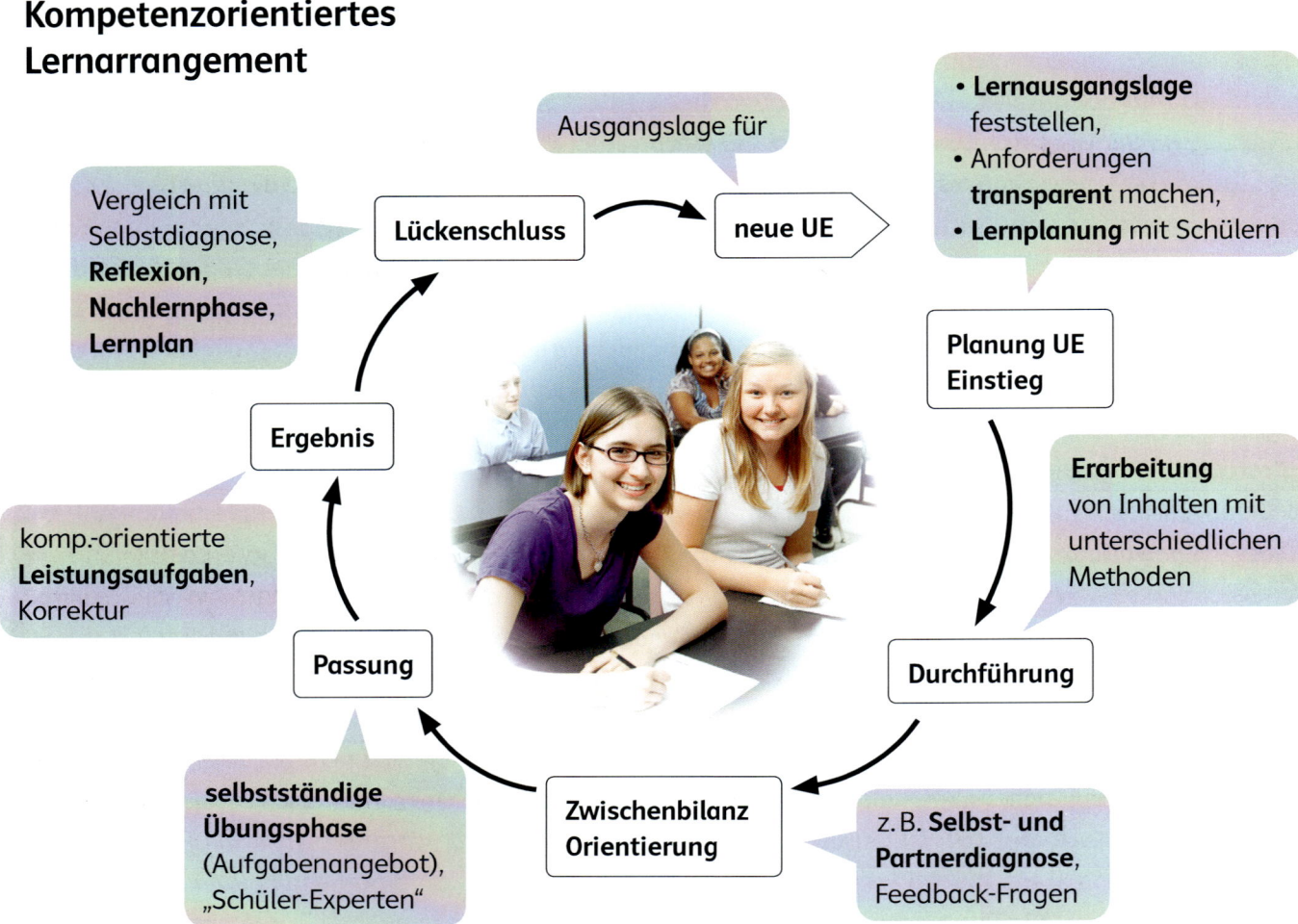

Erfahrungen aus den Fortbildungen zeigen, dass unterschiedliche Zugänge und Umsetzungen je nach Verständnis der eigenen Lehrkraftrolle und der Einbeziehung von Schülerinnen und Schülern in der Unterrichtsgestaltung gewählt werden. Im Folgenden wird ein sog. „Backwards-Planning"-Konzept vorgestellt, das im ersten Schritt die Festlegung der Ziele der Unterrichtseinheit vorsieht und sich dann in einem zweiten Schritt mit der dazugehörigen Methodik beschäftigt.

1. Zunächst wird die Klassenarbeit/Klausur mithilfe differenzierter Leistungsaufgaben konzipiert. Die Aufgabenauswahl orientiert sich an dem gewünschten Kompetenzerwerb, ausgerichtet an den inhaltlichen Setzungen des Kerncurriculums. Bei der Aufgabenauswahl achte ich auf eine ausgewogene Gewichtung der Anforderungsbereiche:

Reproduzieren: Wiedergabe und direkte Anwendung von grundlegenden Begriffen, Sätzen und Verfahren in einem abgegrenzten Gebiet und einem wiederholenden Zusammenhang (etwa 30 %).

Zusammenhänge herstellen: Bearbeiten bekannter Sachverhalte, indem Kenntnisse, Fertigkeiten und Fähigkeiten verknüpft werden, die in der Auseinandersetzung mit Mathematik auf verschiedenen Gebieten erworben wurden (etwa 50 %).

Verallgemeinern und Reflektieren: Bearbeiten komplexer Gegebenheiten u. a. mit dem Ziel, zu eigenen Problemformulierungen, Lösungen, Begründungen, Folgerungen, Interpretationen oder Wertungen zu gelangen (etwa 20 %).

2. Zu Beginn der Unterrichtseinheit wird den Schülerinnen und Schülern das Kompetenzspektrum mit dessen inhaltlicher Einbettung als Voraussetzung für die spätere selbständige Arbeit und die effektive Nutzung der Unterrichtszeit vorgestellt. In der Regel werden hierzu Mindmaps, Advance Organizer sowie Listen von Kompetenzbeschreibungen eingesetzt. Anschließend wird mit der Vermittlungskompetenz der Lehrkräfte der Inhalt erarbeitet. Hier werden Methoden eingesetzt, die der Vermittlung der Inhalte dienlich sind. Die Aufgabenauswahl bietet Lerngelegenheiten auf unterschiedlichen Niveaus, fördert die fachliche wie überfachliche Kompetenzentwicklung und orientiert sich im Übrigen inhaltlich an der zügigen und straffen Entwicklung des inhaltlichen Kalküls.

3. Der letzte Teil der Unterrichtszeit bleibt der individuellen Förderung der Lerngruppe vorbehalten. Anhand eines Selbsteinschätzungsbogens (SEB) kennzeichnen die Schülerinnen und Schüler ihren aktuellen Könnensstand. Diese Rückmeldungen bleiben unbenotet, denn nur so ist gewährleistet, dass die Schülerinnen und Schüler (sich und der Lehrkraft) eine ehrliche Rückmeldung geben. Natürlich hat die Lehrkraft immer die Möglichkeit, die Beobachtungen der zurückliegenden Wochen als Abgleich hinzuzuziehen. Ein allen Fragestellungen gerecht werdender Aufgabenkatalog gibt der Lerngruppe den notwendigen Spielraum einer individualisierten Passung: In dieser Phase soll nun gesichert, geübt, vertieft bzw. vernetzt werden. Da diese Phase bis zu zwei Wochen umfassen kann, erfordert dieses Angebot einen hohen Selbstständigkeitsgrad der Schülerinnen und Schüler und nicht alle können mit dieser „Freiheit" umgehen. Es bietet sich an, neben den Kompetenzstand abfragenden Items auch Rückmeldungen schriftlich aufzunehmen, wie die Schülerinnen und Schüler sich im Verlauf dieser Unterrichtphase organisiert haben.

Noch ein Tipp zum Aufbau der Items: Vielfach kann man sie mit den Schülerinnen und Schülern gemeinsam entwickeln, indem man sie fragt, was bzw. welche Kompetenzen sie – auch mit Rückgriff auf die Phase 1 – gelernt haben. Das gibt der Lehrkraft auch eine Rückmeldung darüber, inwieweit sie ihrem eigenen Anspruch gerecht geworden ist. Nach der Klausur wird das Ergebnis in zwei Richtungen ausgewertet. Aus Lernersicht, etwa: Inwieweit haben sich die Schülerinnen und Schüler richtig eingeschätzt und die Passungsphase optimal genutzt? Wie wollen sie in naher Zukunft die festgestellten Mängel und Lücken bereinigen? Und aus Lehrkraftsicht, etwa: Inwieweit wurde der Kompetenzerwerb erreicht? Wie kann man die Lerngruppe bei deren individuellem Lückenschluss unterstützen? Wie kann man für Nachhaltigkeit auch nach Abschluss der Unterrichtseinheit sorgen? Im Übrigen bietet sich hier die Möglichkeit an, einen individuellen Förderplan aufzustellen. Denn was hilft es, wenn man gemeinsam feststellt, dass Lücken geblieben sind. Die gilt es zeitnah anzugehen. Dieser Förderplan umfasst einen Zeitraum von max. zwei Monaten und schließt auch hier mit einer Evaluation ab. Denn bei jedem Lernprozess ist zu hinterfragen, inwieweit das Ziel erreicht wurde.

Man erkennt die Möglichkeiten in diesem Modell: Zieltransparenz, Feedbackschleifen, individuelle Unterstützung sind und müssen das Ziel sein. Dies kann man in fünf, vier oder drei Phasen aufteilen. Die pädagogische Kompetenz der Lehrkräfte wird sicher die richtige Wahl treffen.

Zusammenfassung

Im Zentrum des Prozessmodells stehen Lernende und Lehrende, die in fünf Handlungsfeldern aktiv sind und Verantwortung übernehmen. Lernende erwerben Kompetenzen dadurch, dass sie selbst aktiv sind. Sie brauchen dazu die Unterstützung ihrer Lehrerinnen und Lehrer. Wesentliche Aktivitäten und Verantwortlichkeiten von Lernenden und von Lehrenden sind in den einzelnen Handlungsfeldern aufgeführt. Entscheidend für das Gelingen der Lehr-Lernprozesse ist, dass die Aktivitäten der Lehrenden und Lernenden immer wieder im Dialog aufeinander abgestimmt werden und so ein gegenseitiges Verständnis für das jeweilige Handeln entsteht. Wie die Forschung zeigt, liegt in wechselseitigem Lernen voneinander ein Schlüssel für erfolgreichen Unterricht.

Die Handlungsfelder im Prozessbild geben Orientierung für die Gestaltung von Lehr-Lernprozessen. Beispielsweise ist es für den Lernerfolg der Schülerinnen und Schüler sehr förderlich, wenn Lehrpersonen regelmäßig Informationen zur Lernentwicklung der Lernenden und Rückmeldungen zur Unterrichtsgestaltung einholen, diese für das weitere Vorgehen nutzen und ihrerseits Feedback an die Lernenden geben. Das Handlungsfeld „Orientierung geben und erhalten" beschreibt also nicht eine „Etappe" oder eine „Station" des Lehr-Lernzyklus, sondern eine grundsätzliche Aufgabe, deren Bewältigung auf der Basis einer entsprechenden Haltung von Lehrenden und Lernenden und der notwendigen Kompetenzen gelingen kann.

Aus Gründen der besseren Übersicht sind in dem Schaubild auf Seite 45 die Aktivitäten und Verantwortlichkeiten auf anderen Ebenen des Bildungssystems nicht enthalten. Es liegt nahe, dass Lehrende und Lernende angesichts ihrer vielfältigen Aufgaben im Unterricht eine Unterstützung durch Modelle für langfristige Kompetenzentwicklung, geeignete Instrumente für die Feststellung individueller Lernstände und darauf bezogene Materialien zur Förderung individueller Lernentwicklung benötigen.

Kerstin Tschekan: *„Die Kompetenzorientierung im Unterricht verlangt keine bestimmte Unterrichtsart, Unterrichtsorganisation oder Methode. Entsprechend der Funktion der jeweiligen Unterrichtsphase, der Fähigkeiten der Schülerinnen und Schüler, selbstständig zu lernen und der jeweiligen Ziele sowie Inhalte gibt es ganz verschiedene Möglichkeiten. Es ist jedoch nicht egal, welche Methoden genutzt werden und welche Rolle die Lehrperson jeweils einnimmt."*[74]

Es geht nicht darum, Lehrkräften irgendetwas überzustülpen (mit Verweis auf häufig genannte Kritikpunkte).[75] Denn das kann ganz schnell konterkarierend wirken, wie eine Erfahrung aus einem Interview während einer Schulinspektion von Schülerinnen und Schülern der Sekundarstufe II zeigt. Sie berichteten von einer Fortbildung der Lehrkräfte (Einführung in die sogenannten Klippertmethoden). Die Lehrkräfte hätten dann den Auftrag erhalten, die Methoden anschließend in den Lerngruppen zu testen. Die Schülerinnen und Schüler kommentierten abschließend, dass sie froh gewesen wären, dass nach ca. 14 Tagen der ganze Spuk vorbei war, weil sie gespürt hätten, dass die Lehrkräfte nicht wirklich von dem Verfahren überzeugt waren. Wie sich herausstellte, fand weder eine Passung an die Inhalte statt, noch fragten sich die Lehrkräfte, inwieweit sie bei der Umsetzung der seinerzeit gewählten Methode noch authentisch geblieben seien.

---

[74] Tschekan, K.: Kompetenzorientiert unterrichten. In: Rolff, H. G. (Hrsg.): Handbuch Unterrichtsentwicklung. Beltz-Verlag 2015.

[75] Stanat. P.: Kompetenzorientierte Bildungsstandards – eine Auseinandersetzung mit kritischen Einwänden. Aus Schulmanagement Handbuch 166. S. 23 – 24

Das im Vorwort vorgestellte Bild gibt Hinweise auf wünschenswerte Methoden[76]:

Lehrerzentrierter Unterricht:

Im kompetenzorientierten Unterricht gibt es Phasen des Lehrervortrags oder des lehrerzentrierten Unterrichts, wenn es z.B. um die konzentrierte und systematische Vermittlung von Basis- und/oder Orientierungswissen geht. Dies führt im Übrigen auch bei Schülerinnen und Schülern zu hoher Akzeptanz der präsentierenden Lehrkraft, denn sie können daran ablesen, wie fachkompetent sie sich präsentiert.

Schülerinnen und Schüler als Lehrkräfte:

In einem kompetenzorientierten Unterricht nehmen die Schüleraktivitäten zu.
So übernehmen Schülerinnen und Schüler häufiger die Rolle des Lehrers und vermitteln anderen Schülerinnen und Schülern Inhalte, die sie sich vorher (allein oder im Team) erarbeitet haben.

Schülerinnen und Schüler als Forscher:

Die Schülerinnen und Schüler beschäftigen sich im kompetenzorientierten Unterricht intensiv und aktiv forschend mit zentralen Inhalten und Denkoperationen der Schulfächer.

Gruppenarbeit:

Kompetenzorientierter Unterricht zielt darauf ab, Schülerinnen und Schüler in die Lage zu versetzen, allein oder gemeinsam komplexe (fachliche und überfachliche) Anforderungen erfolgreich zu bewältigen. Dazu arbeiten sie arbeitsteilig Hand in Hand nach einem festen Plan, der eine handwerklich, der andere planend-theoretisch. Die notwendigen Werkzeuge gibt ihnen die Schule an die Hand.

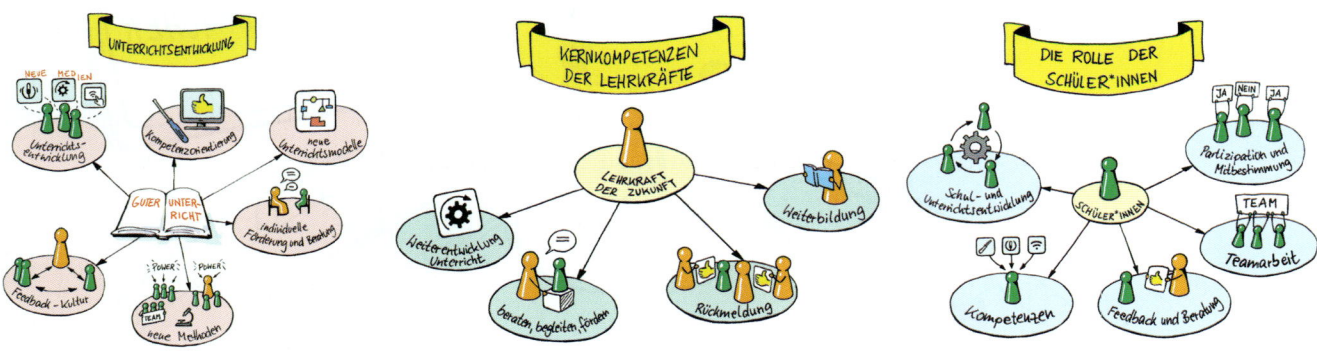

---

[76] Kompetenzorientiertes Lernen gestalten. Flyer zum Dialogbild des Landesinstituts für Lehrerbildung und Schulentwicklung Hamburg. 2009.

Das Anspruchsniveau anpassen:

Die lernstarken Schülerinnen und Schüler erhalten Gelegenheit, den Anforderungen gerecht zu werden, während die lernschwächeren Schüler zunächst ausreichend häufig Gelegenheit zum Reproduzieren bekommen, ehe sie dann auch mehr und mehr Aufgaben aus höheren Anforderungsbereichen erhalten.

Vorbereitung auf ein Studium:

Nach dem Abitur müssen die Schülerinnen und Schüler nicht nur eine Entscheidung über das Studienfach treffen, sondern sich auch selbstständig um ihre (Aus-)Bildung und den damit verbundenen Lernprozess kümmern. Die dem Prozessmodell innerwohnenden Routinen, vor allem mit Blick auf die Reflexion über das eigene Tun, bereitet die Schülerinnen und Schüler bestmöglich auf die Berufsausbildung, ob an Hochschule oder in Betrieben, vor. Das Bild verweist in seinen Teilaspekten nochmals auf den deutlichen Mehrwert eines sinnvoll organisierten, d.h. den drei aufeinander aufbauenden Anforderungen gerecht werdenden kompetenzorientierten Unterrichts:

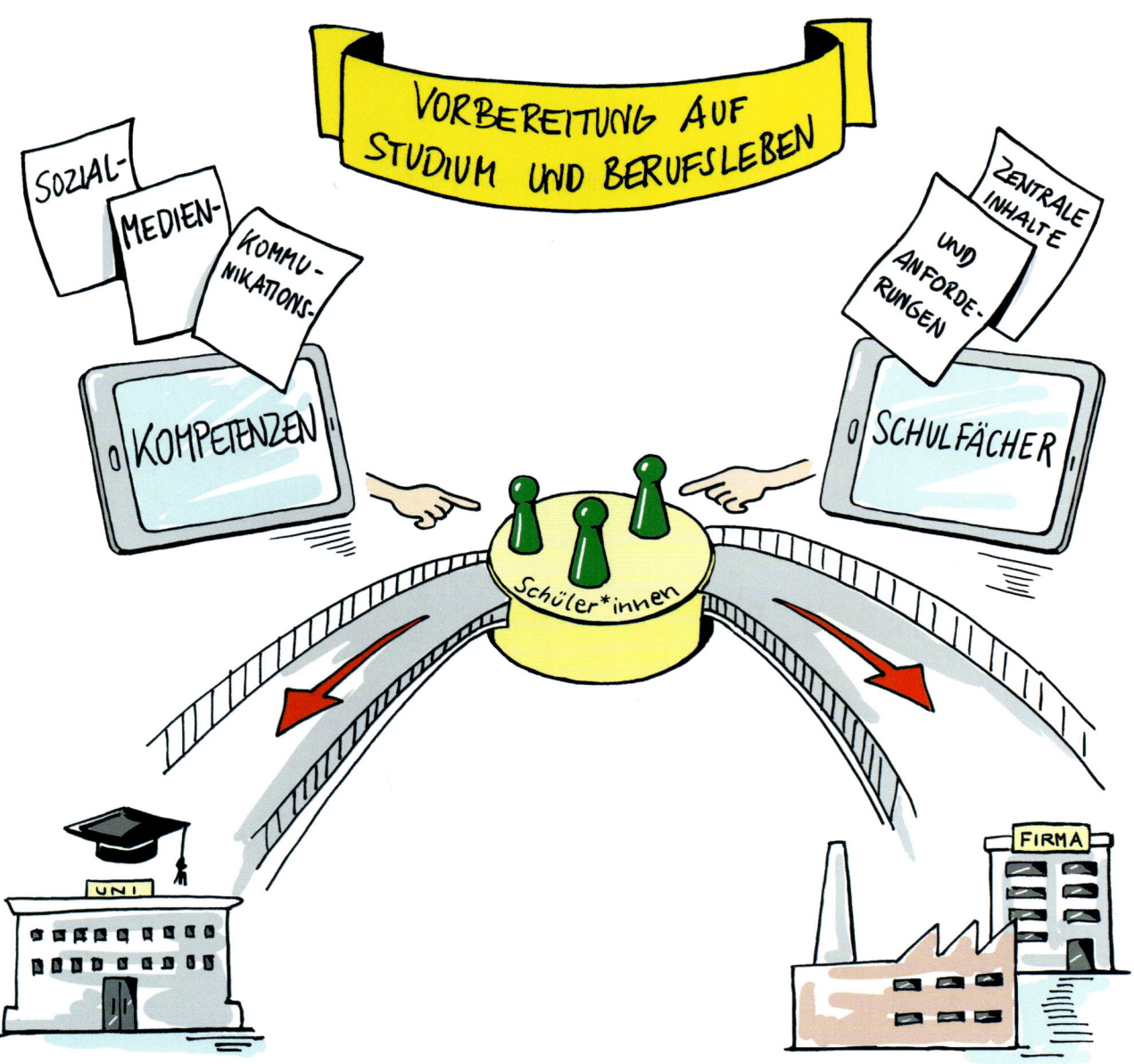

Er zielt darauf ab, die Schülerinnen und Schüler in die Lage zu versetzen, zunehmend komplexe (fachliche und überfachliche) Anforderungen zu bewältigen.

Dabei findet der kompetenzorientierte Unterricht zunehmend außerhalb der Schule statt, weil die Schülerinnen und Schüler möglichst echte und komplexe Anforderungen bewältigen müssen. Ihre außerschulischen Aktivitäten werden aus der Schule heraus durch Aufträge gesteuert. Die Schülerinnen und Schüler kehren mit den Ergebnissen ihrer Aktivitäten in die Schule zurück.[77]

---

[77] Weiterführende Lektüre:
http://lakk.sts-gym-marburg.bildung.hessen.de/grundlagenpapiere/broschure_lehrkrafteakademie_in_teraktiv_v1_end_ms_09062017.pdf. ab S. 14. (Aufruf: 21.2.19).

„Bei der digital gestützten Gestaltung von Lehr- und Lernprozessen geht es um die pädagogisch fundierte Einbeziehung der Potenziale digitaler Medien und Bearbeitungsmöglichkeiten. Bis 2021 soll jede Schülerin und jeder Schüler, wenn es aus pädagogischer Sicht im Unterrichtsverlauf sinnvoll ist, eine digitale Lernumgebung und einen Zugang zum Internet nutzen können.“

(KULTUSMINISTERKONFERENZ (KMK))

Kapitel 7 – Prozessmodell – digital

Was Sie in diesem Abschnitt erwartet

Vorgestellt werden Einsatzmöglichkeiten:

- Digitale Lernumgebung
- Wiki
- Blog
- Flipped Classroom
- Plan-Do-Check-Act (PDCA)-Zyklus

Die Fortbildungsverantwortlichen haben bei der Einführung des Prozessmodells auch überlegt, inwieweit digitale Medien genutzt werden können. Dazu wurde seinerzeit eine Technologie AG gebildet, die komplette Unterrichtseinheiten (hier der Mathematik) entwickelt hat. Ein Beispiel des Autors wird hier nun näher vorgestellt. Es geht um die Einführung linearer Funktionen.

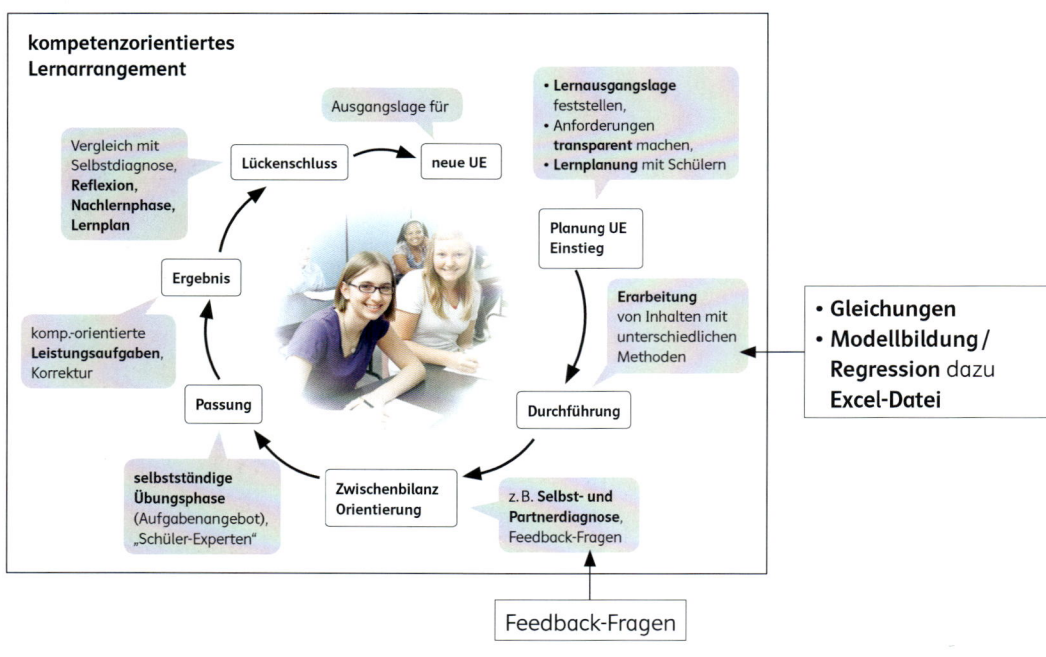

Lernziele

Die Schülerinnen und Schüler …

- modellieren Wachstumsprozesse als lineare Funktion,
- lernen Graphen, Funktionsgleichungen und tabellarische Entwicklung linearer Prozesse kennen und sicher damit umzugehen,
- entdecken die Bedeutung der Parameter m und b und identifizieren diese mit den Begriffen Steigung/ Änderungsrate und Achsenabschnitt,
- lösen lineare Gleichungen zur Berechnung von Schnittpunkten und Nullstellen,

- lernen Bedingungen für Parallelität und Orthogonalität von Geraden kennen und sicher damit umzugehen,
- übertragen und erweitern ihr Wissen über Ausgleichskurven auf Trendlinien und bestimmen deren Funktionsgleichungen,
- setzen Taschenrechner und Computer (hier: GeoGebra®) sinnvoll und verständig ein,
- reflektieren Vor- und Nachteile der Aufgabenlösung mittels Computersoftware gegenüber händischer Lösung.

Lernvoraussetzungen

Die Schülerinnen und Schüler können…
- Graphen beschreiben.
- Graphen interpretieren.
- lineare Gleichungen lösen.
- Terme zusammenfassen.
- verschiedene Darstellungsformen verwenden.
- Ausgleichskurven (zumeist Geraden) einzeichnen.
- mit proportionalen Zuordnungen sicher umgehen.
- den Begriff „Funktion" definieren und entscheiden, ob eine Zuordnung eine Funktion ist.

Prozessskizze:

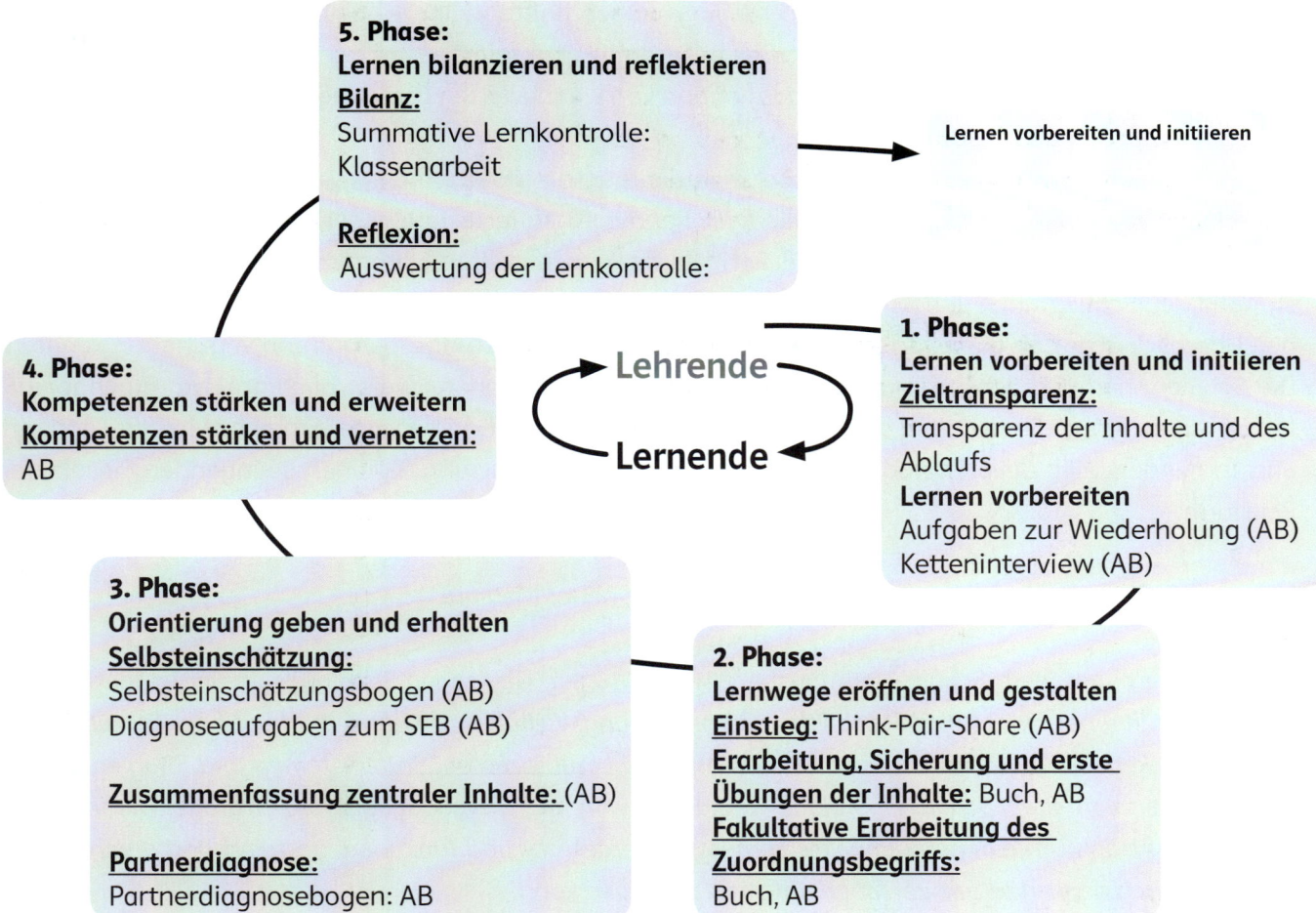

Die Arbeitsblätter (AB) lagen in digitaler Form vor, sodass sie Schülerinnen und Schüler zur Verfügung gestellt werden konnten, ggfs. individualisiert an den Kompetenzstand angepasst. Zur Bereitstellung und zur Kommunikation mit und unter den Schülerinnen und Schülern wurde eine digitale Plattform bereitgestellt.

Digitale Lernumgebung

Definition: Interessanterweise finden sich in den Veröffentlichungen der Kulturministerkonferenz (KMK) sowie den dort vertretenen Kultusministerien keine Hinweise auf eine Definition des Begriffs „digitale Lernumgebung". Auch die Hochschulforschung liefert nichts Verwertbares. Ich vermute, dass die Vertretungen der Ministerien in etwa Folgendes schreiben würden:

Digitale Lernumgebungen stellen der Definition von Stoyanov und Kirschner (2004) folgende interaktive Systeme dar, die den Lerninhalt, pädagogische Modelle sowie Interaktionen zwischen den Lernenden an die individuellen Bedürfnisse und Präferenzen der Benutzer anpassen und personalisieren. Stellvertretend für diese Definition seien Softwaresysteme wie z. B. Moodle, lo-net2®, itslearning®, IServ® genannt, die unter einer zentralen Oberfläche mehrere aufgabenspezifische Teilprogramme anbieten, mit denen verschiedene Lernszenarien unterstützt werden, u. a.:

- Dateiablage: Grundsätzlich können sowohl Lehrkräfte wie auch Schülerinnen und Schüler Ordner anlegen und Dateien hoch- und herunterladen.
- Wiki: In der Regel haben Schülerinnen und Schüler eingeschränkte Schreibrechte.
- Schwarzes Brett (Forum) mit Schreibrechten für alle Mitglieder der Lerngruppe
- Chat: Alle Mitglieder der Lerngruppe können chatten.
- Umfragen: Tool, das sowohl für Meinungsumfragen als auch für Feedbackgaben genutzt werden kann

Lehrkräfte und Lernende kommunizieren mit diesem passwortgeschützten System über einen gewöhnlichen Webbrowser bzw. eine App. Gemeinsam ist diesen Konzepten, dass trotz einer einheitlichen Gestaltung der Lernumgebung eine auf den Lernenden zugeschnittene, individualisierte und personalisierte Darstellung des Lernmaterials möglich ist. Das gelingt mit Werkzeugen zur Erstellung, Kommunikation und Verwaltung von Lerninhalten sowie zur Koordination von webbasierten Lernangeboten und zur Beurteilung der Lernenden (Feedback-, Umfragetools).

Ich bot den Schülerinnen und Schülern über eine digitale Lernplattform eine Möglichkeit, auf Unterrichtsmaterialien zuzugreifen. Stundenprotokolle (z. B. handyfotografierte Tafelbilder) erlaubten den Schülerinnen und Schülern einen individuellen Rückgriff auf die vermittelten Unterrichtsinhalte. Darüber hinaus standen den Schülerinnen und Schülern sog. Selbsteinschätzungsbögen zur Verfügung, über die sie sich einen Überblick über den aktuellen Stand einer bevorstehenden Leistungsüberprüfung verschaffen konnten. Die Schülerinnen und Schüler meldeten mir bei den regelmäßigen, teilweise auch anonym durchgeführten Befragungen zurück, was sie an diesem Angebot schätzen. Der persönliche Kontakt zwischen Lehrkraft und Lernenden blieb davon natürlich unberührt und war Voraussetzung für einen gelingenden Einsatz der Plattform.

Ein zweites Beispiel für den prozessorientierten Einsatz neuer Medien.

- Die Freiherr-vom-Stein-Schule, Neumünster erhielt 2016 den Deutschen Schulpreis. In der Laudatio heißt es u. a.: *„Mit einer hinsichtlich Flexibilität, Rhythmisierung, Vielfalt und Tiefenschärfe auf der Prozessebene beeindruckenden Choreographie von Unterrichts- und Lernprozessen, Stützsystemen und Ritualen gelingt der Freiherr-vom-Stein-Schule eine glaubwürdige Antwort auf die pädagogische Kernfrage, wie in einem anspruchsvollen Umfeld institutionelles Lernen schülergerecht und funktional gestaltet und durch starke, pädagogisch denkende Lehrpersonen unterstützt werden kann.*
In einer Konfiguration individualisierten und kooperativen, auf die Ausbildung definierter Kompetenzen gerichteten Lernens leistet die Gemeinschaftsschule in einem herausfordernden Umfeld einen wertvollen Beitrag zur Bildungsgerechtigkeit, insbesondere bei der inklusiven Förderung von Kindern und Jugendlichen, die im Schulsystem zu scheitern drohen."[78]

---

[78] https://www.steinschule-nms.de/schulpreisauszeichnung.html. (Aufruf: 21.2.19).

Für den individualisierten Ansatz nutzt die Schule eine digitale Lernumgebung (IServ®). Schülerinnen und Schüler können wegen des BYOD-Konzepts der Schule selbst entscheiden, welche Apps sie im Rahmen ihres Lernprozesses einsetzen. Videos der Kahn-Akademie und die für die pädagogische Arbeit Orientierung gebenden Advance Organizer ergänzen das unterrichtliche Angebot. Darüber hinaus wird die digitale Lernumgebung vor allem zur Kommunikation unter den Lehrkräften und zwischen Schülerinnen und Schülern und den unterrichtenden Lehrkräften genutzt.[79]

Praktische Hinweise zum Einsatz von Lernplattformen:
In der Regel verfügen die Lehrkräfte über keine Wahlmöglichkeit einer Plattform. Zunehmend bieten Schulträger bzw. in wenigen Fällen auch Bundesländer eine solche Plattform an, um den Wildwuchs vor Ort zu verhindern. Beispiele sind:
Wetteraukreis (Hessen): https://www.wtkedu.de/
Bezirksregierung Düsseldorf (NRW): https://www.moodletreff.de/
Angebot des Landes Bayern: https://www.mebis.bayern.de/
Angebot des Landes Bremen: https://www.lis.bremen.de/medien/itslearning-32095
Angebot des Landes Baden-Württemberg: https://it.kultus-bw.de/Lde/Startseite/IT-Sicherheit/Lernplattformen

Die Gründe einer verbindlichen Plattform für die Schulen des Landes, der Region sind gut nachvollziehbar (hier am Beispiel BW (Moodle) dargestellt):
Die Installation der Lernplattform ist eng mit der Landesakademie und den pädagogischen Fachseminaren abgestimmt und richtet sich nach den Vorgaben der aktuellen Rahmendienstvereinbarung. Die Updates werden außerdem immer auf die Einhaltung des Datenschutzes hin überprüft und, falls nötig, wieder gemäß den datenschutzrechtlichen Vorgaben angepasst und eine pädagogische Nutzung der in der Plattform zur Verfügung gestellten Module ist sehr gut auf dem Lehrerfortbildungsserver aufbereitet. Gleichwohl gibt es unter den Lehrkräften immer wieder einen „Glaubenskrieg" über DIE Plattform der Wahl. Auf der anderen Seite unterscheiden sich die einzelnen Plattformen nicht sehr stark. Wichtig erscheint daher die Argumentationslinie, die sich aus den Aussagen des Landes Baden-Württemberg ergeben: Die Angebote des Landes sind auf die Plattform abgestimmt. Die Institution, die einzelne Lehrkraft hat bis auf den Administrator der Schule nichts mit der Verwaltung zu tun. Dies ist vor allem mit Blick auf Zeitökonomie und die neue Datenschutzverordnung (Mai 2018) ein nicht zu unterschätzendes Proargument für eine zentrale Einführung eines solchen Systems, wie Nutzungshinweise der Bezirksregierung Düsseldorf zeigen, die für alle Schulen gleichermaßen gelten:

- Eine Lernplattform kann in der Schule zu unterschiedlichen Zwecken genutzt werden. Dabei gibt es gemeinsame, aber auch unterschiedliche Rahmenbedingungen, die es zu beachten gilt: Wird die Homepage der Schule mit einem schuleigenen System gestaltet, dann sind auf dieser im Netz frei zugänglichen Seite z. B. die Eigentumsrechte von Bild, Ton und Texten nach den Regeln des Urheberrechts zu beachten.
- Nutzt eine Schule ein schuleigenes System als Hilfsmittel zur Organisation schulinterner Abläufe (Protokollablagen, Vertretungspläne, Raumbuchungssystem, Forum mit E-Mail-Funktion etc.), müssen personenbezogene Daten von Lehrerinnen und Lehrern verarbeitet werden. Hier greifen dann neben Regelungen des Datenschutzgesetzes (DSG NRW – Erstellen eines Verfahrensverzeichnisses) auch Regelungen des Landespersonalvertretungsgesetzes (LPVG NRW). Vereinbarungen mit Lehrkräften und Personalrat / Lehrerrat haben hier entscheidende Funktionen.
- Bei dem Einsatz einer Lernplattform als didaktisch-methodisches Element zur Gestaltung von Lernen gibt es eine Vielfalt von Möglichkeiten wie Einsatz im Regelunterricht, im Förderunterricht, im Lernstudio, im Freizeitbereich oder für die Arbeit außerhalb der Schule. Neben den Daten der Lehrkräfte müssen hier auch die Daten von Schülerinnen und Schülern gespeichert werden. Notwendig werden dann

---

[79] Vgl. https://www.youtube.com/watch?v=iqGJJDJYArM. (Aufruf: 21.2.19).

Datenschutzerklärungen, Elterninformationen, Einwilligungserklärungen für die Verarbeitung von Daten im Unterricht und bei freiwilliger Nutzung der Plattform im außerunterrichtlichen Bereich.

Weitere wichtige Bausteine meiner Nutzung neuer Medien:

- Mindmap:
  Vorbereitung auf das Halbjahresthema: Ich habe in Form einer Mindmap einen Fahrplan für die Schülerinnen und Schüler erstellt, wie sie sich auf das Halbjahresthema vorbereiten können.

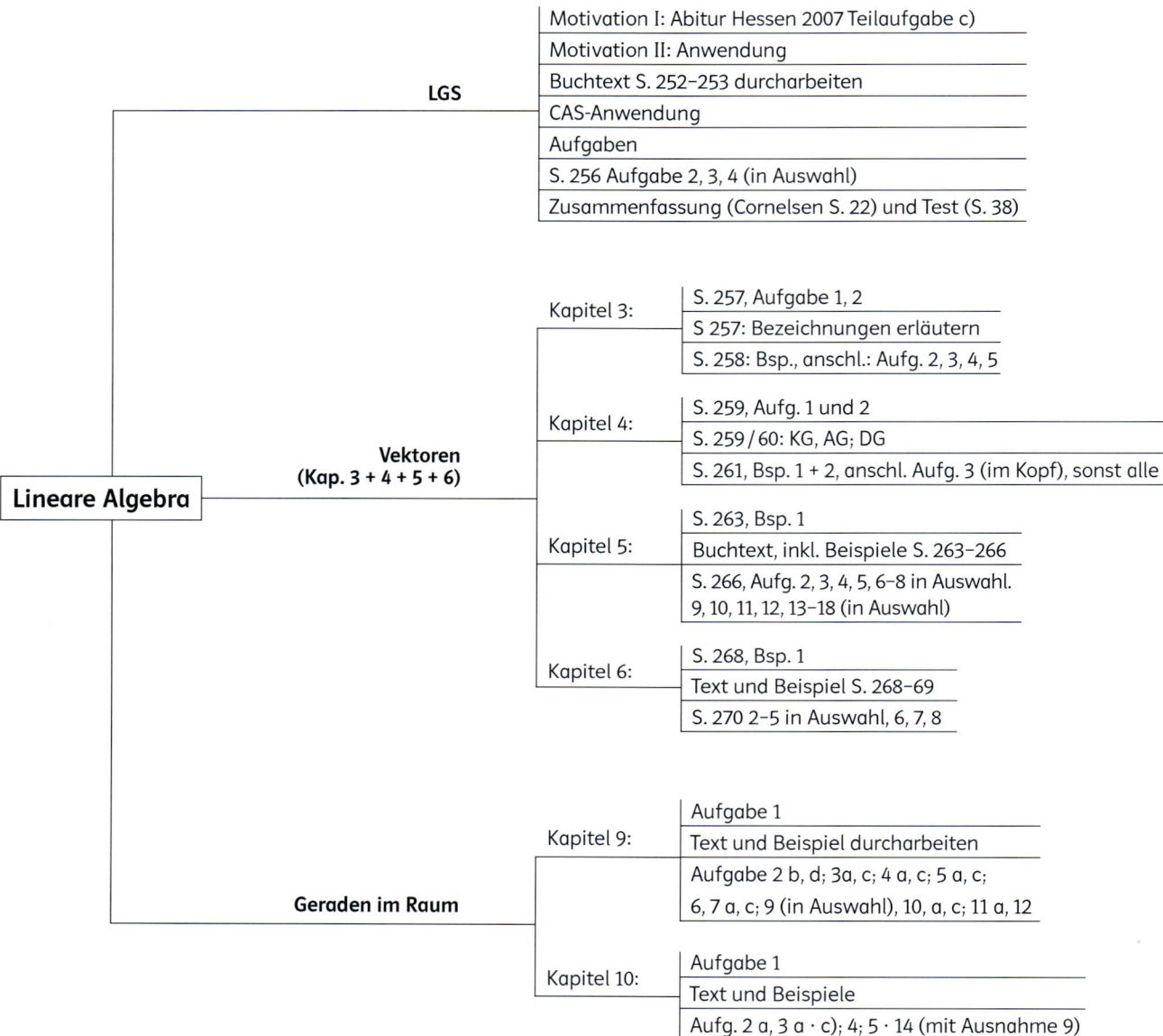

Ein weiteres Beispiel einer Mindmap ist die Unterstützung meiner Schülerinnen und Schüler bei deren Abiturvorbereitung.

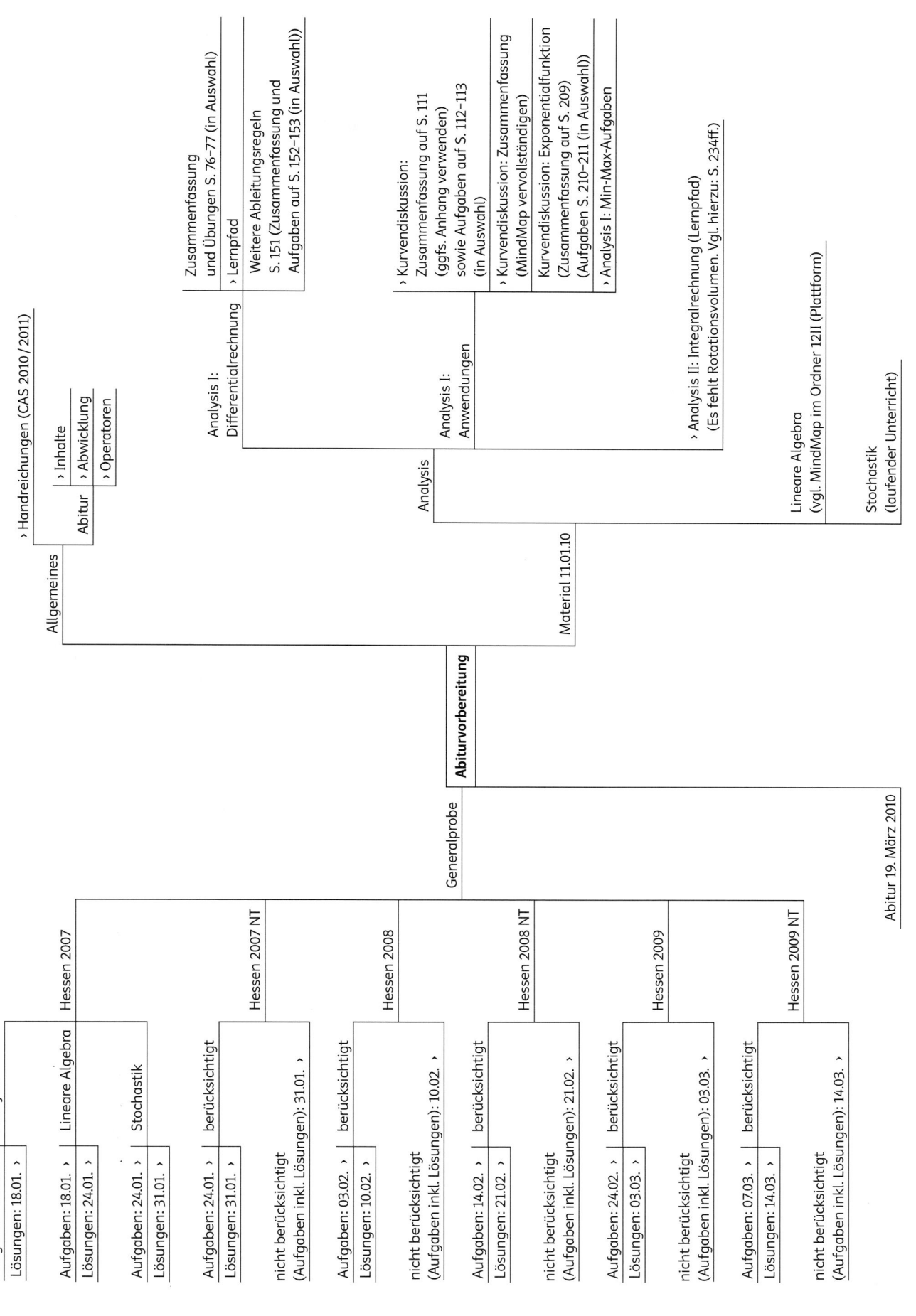

Abiturvorbereitung

Allgemeines

› Handreichungen (CAS 2010 / 2011)

Abitur
› Inhalte
› Abwicklung
› Operatoren

Material 11.01.10

Analysis

Analysis I:
Differentialrechnung

Zusammenfassung
und Übungen S. 76–77 (in Auswahl)
› Lernpfad

Weitere Ableitungsregeln
S. 151 (Zusammenfassung und
Aufgaben auf S. 152–153 (in Auswahl))

Analysis I:
Anwendungen

› Kurvendiskussion:
Zusammenfassung auf S. 111
(ggfs. Anhang verwenden)
sowie Aufgaben auf S. 112–113
(in Auswahl)

› Kurvendiskussion: Zusammenfassung
(MindMap vervollständigen)

Kurvendiskussion: Exponentialfunktion
(Zusammenfassung auf S. 209)
(Aufgaben S. 210–211 (in Auswahl))

› Analysis I: Min-Max-Aufgaben

› Analysis II: Integralrechnung (Lernpfad)
(Es fehlt Rotationsvolumen. Vgl. hierzu: S. 234ff.)

Lineare Algebra
(vgl. MindMap im Ordner 12II (Plattform))

Stochastik
(laufender Unterricht)

Generalprobe

Hessen 2007

Analysis
Aufgaben: 11.01. ›
Lösungen: 18.01. ›

Lineare Algebra
Aufgaben: 18.01. ›
Lösungen: 24.01. ›

Stochastik
Aufgaben: 24.01. ›
Lösungen: 31.01. ›

Hessen 2007 NT

berücksichtigt
Aufgaben: 24.01. ›
Lösungen: 31.01. ›

nicht berücksichtigt
(Aufgaben inkl. Lösungen): 31.01. ›

Hessen 2008

berücksichtigt
Aufgaben: 03.02. ›
Lösungen: 10.02. ›

nicht berücksichtigt
(Aufgaben inkl. Lösungen): 10.02. ›

Hessen 2008 NT

berücksichtigt
Aufgaben: 14.02. ›
Lösungen: 21.02. ›

nicht berücksichtigt
(Aufgaben inkl. Lösungen): 21.02. ›

Hessen 2009

berücksichtigt
Aufgaben: 24.02. ›
Lösungen: 03.03. ›

nicht berücksichtigt
(Aufgaben inkl. Lösungen): 03.03. ›

Hessen 2009 NT

berücksichtigt
Aufgaben: 07.03. ›
Lösungen: 14.03. ›

nicht berücksichtigt
(Aufgaben inkl. Lösungen): 14.03. ›

Abitur 19. März 2010

Wiki

Definition: *„Die Wikipedia ist ein bekanntes Beispiel eines Wiki-Projekts. Ein Wiki (hawaiisch für ‚schnell') ist eine Website, deren Inhalte von den Besuchern nicht nur gelesen, sondern auch direkt im Webbrowser geändert werden können. Das Ziel ist häufig, Erfahrung und Wissen gemeinschaftlich zu sammeln und in für die Zielgruppe verständlicher Form zu dokumentieren. Die Autoren erarbeiten hierzu gemeinschaftlich Texte, die ggf. durch Fotos oder andere Medien ergänzt werden (z.B. kollaboratives Schreiben). Ermöglicht wird dies durch ein vereinfachtes Content-Management-System, die sogenannte Wiki-Software. Wiki-Seiten werden meist in Form von Wikitext gespeichert. Das bekannteste Wiki ist die Online-Enzyklopädie Wikipedia, welche die Wiki-Software MediaWiki einsetzt. Zudem nutzen auch viele Unternehmen Wikis als Teil des Wissensmanagementsystems in ihrem Intranet (standortübergreifend)."*[80]

Anwendungsbeispiel:

Ich bot einem Grundkurs Mathematik den Aufbau eines Wikis mit dem Ziel an, sich damit die Vorbereitung auf das Zentralabitur zu erleichtern. Voraussetzung war, dass die Schülerinnen und Schüler die Beiträge selbst schreiben. Ich prüfte die Beiträge auf Richtigkeit, stellt sicher, dass keine Urheberrechtsverletzungen vorlagen und schaltete dann die Beiträge frei. Diese Vorgehensweise wurde von den Schülerinnen und Schülern sehr begrüßt, da sie sich sicher sein konnten, dass die Einträge von mir freigegeben waren.

Blog

Definition: *„Das oder auch der Blog oder auch Weblog (Wortkreuzung aus engl. Web und Log für Logbuch oder Tagebuch) ist ein auf einer Website geführtes und damit meist öffentlich einsehbares Tagebuch oder Journal, in dem mindestens eine Person, der Blogger, international auch Weblogger genannt, Aufzeichnungen führt, Sachverhalte protokolliert (‚postet') oder Gedanken niederschreibt.*

Häufig ist ein Blog eine chronologisch abwärts sortierte Liste von Einträgen, die in bestimmten Abständen umbrochen wird. Der Blogger ist Hauptverfasser des Inhalts, und häufig sind die Beiträge aus der Ich-Perspektive geschrieben. Das Blog bildet ein Medium zur Darstellung von Aspekten des eigenen Lebens und von Meinungen zu spezifischen Themen, je nach Professionalität bis in die Nähe einer Internet-Zeitung mit besonderem Gewicht auf Kommentaren. Oft sind auch Kommentare oder Diskussionen der Leser über einen Artikel möglich. Damit kann das Medium sowohl dem Ablegen von Notizen in einem Zettelkasten, dem Zugänglichmachen von Informationen, Gedanken und Erfahrungen, etwas untergeordnet auch der Kommunikation dienen, ähnlich einem Internetforum.

Die Tätigkeit des Schreibens in einem Blog wird als Bloggen bezeichnet. Die Deutsche Nationalbibliothek bezeichnet Blogs als Internetpublikationen und vergibt seit Herbst 2013 auch ISSNs an Weblogs."[81]

Anwendung in meiner Schule:

- Meine Schule bereitete eine Projektwoche vor. Die Steuergruppe baute dazu ein Blog auf. Es wurde zunächst eingesetzt, um die Themen vorzustellen und um Rückmeldung zu bitten, wer wo mitmachen wollte. Später wurde dieses Blog genutzt, um über die Projektwoche zu berichten. Ein Redaktionsteam kümmert sich um Einstellung der Beiträge und holt ein Feedback zur Auswertung der Projektwoche ein.
- Gymnasium Lerchenfeld, noch fünf Tage bis zur Wahl der Hamburgischen Bürgerschaft. 17 Schülerinnen und Schüler eines Oberstufenkurses „Medien und Gesellschaft" Hamburg analysierten die nahende Bürgerschaftswahl. Sie bildeten gemeinsam mit zwei Lehrkräften zwei Wahlvorstände und bloggten darüber. Weitere Politiker und Journalisten wurden online auf den Blog aufmerksam und kommentierten einzelne Artikel. *„Indem der Kurs eigene Texte schreibt, im Internet veröffentlicht, online recherchiert und online*

---

[80] https://de.wikipedia.org/wiki/Wiki. (Aufruf: 21.2.19).
[81] https://de.wikipedia.org/wiki/Blog. (Aufruf: 21.2.19).

verfügbare Fotos in ihren Beiträgen verwendet, können sich die Schülerinnen und Schüler wichtige Kompetenzen für die Wissensgesellschaft aneignen. Sie lernen den Umgang mit dem Urheberrecht, wenden wissenschaftspropädeutische Kenntnisse wie das Zitieren an und lernen Verfahren webbasierter Kollaboration kennen."[82]

Flipped Classroom (Umgedrehter Unterricht)

Definition: *„Umgedrehter Unterricht bezeichnet eine Unterrichtsmethode des integrierten Lernens, in der die Hausaufgaben und die Stoffvermittlung insofern vertauscht werden, als die Lerninhalte zu Hause von den Schülern erarbeitet werden und die Anwendung in der Schule geschieht. In der englischsprachigen Literatur ist diese Methode als flip teaching, flipped classroom oder inverted teaching bekannt."*[83]

Anwendung in der Schule:

- Einbindung von Videos: Medienzentrum

  Die Schule verfügt über einen Link / Zugriff auf das Medienzentrum des Kreises. Die Schule hat eine Reihe von Filmen lizenziert und greift über diesen Link auf das Angebot zu. Die Lehrkraft macht die Schülerinnen und Schüler mit einem Link zu einem Video aufmerksam und bittet sie, den Unterrichtsgegenstand selbstständig zu erarbeiten. Zur Überprüfung verteilt die Lehrkraft ein Arbeitspapier mit Verständnisfragen. Dieses Setting kann sowohl bei der Erarbeitung einer Fragestellung dienen (Phase 2 des Prozessmodells) als auch bei individualisierten Fragestellungen (Phase 3 und 4) genutzt werden. Das eingangs vorgestellte Konzept aus dem College in New York arbeitet genau nach diesem Prinzip: Der Algorithmus identifiziert eine Schwäche einer Schülerin / eines Schülers und sorgt mit der Bereitstellung von Tutorials (durch Links) dafür, dass der Schüler, die Schülerin Aufgaben im Tutorial bearbeiten kann. Am Ende wird auch hier der Erfolg des Lernprozesses ausgewertet.

- Einbindung von Videos: Englischunterricht

  Ein Englischlehrer gibt in einem Interview Auskunft, wie er die Produktion von Videos im Unterricht nutzt: *„Grammatikunterricht beispielsweise ist ja relativ langweilig und ich habe bei solch einer Unterrichtseinheit z.B. den Schülern die Aufgabe gegeben, dass sie ein Videotutorial erstellen sollen, in dem sie die if-Sätze erklären sollen. D.h., ein Schüler wird vor der Tafel gefilmt und es wird dann eine Präsentation entworfen, die zusätzlich noch animiert wird, sodass man anhand dessen auch wirklich sieht, nach welchen Gesetzmäßigkeiten die if-Sätze gebildet werden, welche verschiedenen Typen es gibt, welche Zeitformen miteinander korrelieren usw. Dadurch, dass die Schüler angehalten werden, den Stoff umzusetzen, zu durchdenken und medial zu präsentieren, ist eine viel größere Nachhaltigkeit gegeben, als wenn sie das im Buch Stehende einfach auswendig lernen."*[84]

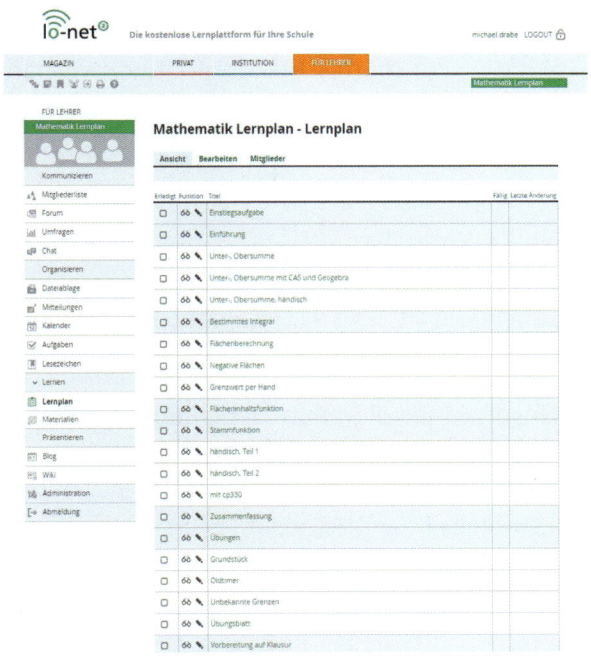

- Lernpfad

  In der Oberstufe sollten die Schülerinnen und Schüler bereits Formate kennenlernen, die sie später in der Hochschule antreffen werden. Denkbar ist das z.B. durch den Einsatz eines Lernpfades, wie er hier im Bild (rechts) festgehalten ist:

Screenshot lo-net®, Cornelsen Verlag, Berlin

---

[82] http://www.hamburg.de/contentblob/7021824/b189b109f4384194c050afece0a3bff7/data/hms-3-16.pdf#page=22. (Aufruf: 21.2.19).
[83] https://de.wikipedia.org/wiki/Umgedrehter_Unterricht. (Aufruf: 21.2.19).
[84] https://magazin.sofatutor.com/lehrer/2014/04/11/ipad-klasse-modernes-und-multimediales-lehren-und-lernen/. (Aufruf: 21.2.19).

Es handelt sich dabei um eine Adaption eines Lernpfads, wie er hier bereitgestellt wird: http://www.austromath.at/medienvielfalt/materialien/int_einfuehrung/lernpfad/index.htm

Als ich mit meiner Lerngruppe mit dem österreichischen Angebot gearbeitet habe, war aus zwei Gründen eine Anpassung notwendig: Ich setzte bei dieser Lerngruppe CAS-Rechner ein, die an der einen oder anderen Stelle systemtechnische Hinweise notwendig machten. Außerdem ließ der Internetlernpfad keinerlei Kommunikation zu. Es gab zwar die Möglichkeit, sich via E-Mail-Liste auszutauschen, ich habe den Lerngewinn allerdings als höher eingeschätzt, wenn sich die Schülerinnen und Schüler auch untereinander unterstützen, d. h. die Verantwortung übernehmen, ggfs. als Expertin oder Experte zur Verfügung zu stehen.

Plan-Do-Check-Act (PDCA)-Zyklus

Eine Englisch- und Deutschlehrerin setzt in ihrem Unterricht ein eher im Projektmanagement genutztes Verfahren ein. Unter der Überschrift „Lernprozesse begleiten und digitale Medien nutzen"[85] entwickelte sie zum Balladenbeispiel (s. o.) ein Unterrichtsszenario, das dem sog. Plan (umfasst 1. und 2. Phase des Prozessmodells)-Do (3. Phase)-Check (4. Phase)-Act (5. Phase)-Verfahren folgt.

Sie postuliert, dass der Prozess sich mithilfe von Lernjobs (kleineren Aufträgen) bzw. Lernaufgaben (komplexeren Aufträgen) gut gestalten lässt und man dabei die zu erwerbenden Kompetenzen des Kerncurriculums mit dem Erwerb digitaler Kompetenzen verbinden kann.

Konkret heißt das, dass die Lehrkraft mit den Schülerinnen und Schülern den „Lernjob" bespricht. Er wird von den Schülerinnen und Schülern auf eine digitale Lernplattform (hier Mahara) abgelegt, sodass sich die Lehrkraft regelmäßig ein Bild über den Lernfortschritt (im Abgleich zum o. g. Lernjob) machen kann. Darüber hinaus nutzen die Schülerinnen und Schüler die verschiedenen Möglichkeiten medialer Bereitstellung (Aufzeichnen der eigenen Sprache im Fremdsprachenunterricht, Aufzeichnung einer Teilsequenz eines entstehenden Schau- und Theaterspiels).

Zusammenfassung

Die hier vorgestellten Unterrichtsbeispiele bilden im SAMR-Modell im Wesentlichen „nur" die ersten beiden Stufen ab, hätten also mithin auch traditionell entwickelt werden können, mit viel Papier und viel Kopieraufwand. Das SAMR-Modell gibt keine Hinweise auf Optimierungs- und damit Zeitgewinneffekte durch digital ermöglichte Systematisierung, z. B. bei der Einführung von digitalen Lernumgebungen und/oder beim Aufbau von Wikis zur (mittel- bis langfristigen Vorbereitung von Prüfungen). Im Band 3 werden diese Beispiele konkretisiert. Es werden Implementationen vorgestellt, die die o. g. Beispiele umsetzen lassen. Darüber hinaus werden Erweiterungen (Apps) vorgestellt, die die individuelle Unterstützung der Schülerinnen und Schüler in eine neue Dimension bringen werden.

Und: Die KMK fordert mit Beginn des Schuljahres 2019/20 die Beachtung der sechs medienaffinen Kompetenzbereiche. Die hier vorgestellten Beispiele werden den darin beschriebenen Erwartungen mehr als gerecht. So sind z. B. bei der Gestaltung von Blogs viele dieser Kriterien berührt.

Damit sind in Zukunft zwei „Messlatten" hilfreich: Das SAMR-Modell dient der Kennzeichnung der Didaktik beim Einsatz eines digitalen Werkzeugs, die KMK-Standards sorgen für eine Zuordnung der Unterrichtseinheit zu den sechs Kompetenzbereichen.

---

[85] http://slides.com/taifun/deck-3-5#/. (Aufruf: 21.2.19).

Name:

Autorinnen: J. Egbers / A. Koenen

Lernjob:

Planung, Druchführung und Reflexion eines Lernproduktes zum Thema:

Ziele:
Sozialform: Zeitaufwand: Material und Unterstützung:

Inhalte	Kompetenzen	Methoden

Für eine genaue Analyse des PDCA-Konzeptes empfehle ich den Link auf ihre Slideshow. Sie wirbt für intensivere Schülerinnen-und-Schüler-Einbindungen durch das Tool Mahara (ein Ableger der Moodle-Plattform) und zeigt in der Slideshow einige Beispiele aus unterschiedlichen Fachanwendungen.

„Feedback kann nur wirksam werden, wenn Lehrende und Lernende sich gemein-
sam für das Lernen und die Gestaltung von Lernarrangements verantwortlich fühlen
– wobei jede Seite ihre je eigene Aufgabe hat. Diese Haltung ist kein Selbstläufer –
daran muss immer wieder gearbeitet werden bei Lehrenden und bei Lernenden.“[86]

(JOHANNES BASTIAN, ERZIEHUNGSWISSENSCHAFTLER)

Kapitel 8 – Feedbackverfahren

Was Sie in diesem Kapitel erwartet
- Aha-Erlebnis Michael Drabes
- Niederschwellige Instrumente zur persönlichen Nutzung
- Überlegungen zu Strategien, wie man andere Kolleginnen und Kollegen mit ins Boot nehmen kann

Aha-Erlebnis

Den beteiligten Lehrkräften des Mathematikprojekts SINUS (Bund-Länder-Modellversuch zur „substantiellen und nachhaltigen Steigerung der Qualität des Mathematikunterrichts") wurde von der Universität Kassel eine Umfrage angeboten, um den Schülerinnen und Schülern eine Rückmeldung zum eigenen Unterricht zu ermöglichen. Die Fragen wurden – entsprechend aufbereitet – auch den Lehrkräften vorgelegt. Somit kam es zu einer Gegenüberstellung der Selbsteinschätzung der Lehrkraft und den Rückmeldungen durch die Schülerinnen und Schüler.

Auch ich nutzte diese Befragung: Ich gebe zu, mich haben die Ergebnisse seinerzeit sehr überrascht. Teilweise lagen meine Einschätzungen, vor allem zum binnendifferenzierenden Angebot, weit auseinander. Ich musste dann eine Entscheidung treffen: Stelle ich mich den – fürwahr nicht sehr positiven Rückmeldungen der Schülerinnen und Schüler – oder „husche ich darüber hinweg"? Ich entschied mich, das Gespräch mit den Schülerinnen und Schülern zu suchen. Dabei stellte ich fest, dass es ihnen – entgegen meinen Erwartungen – gar nicht darum ging, mich an den Pranger zu stellen, sondern im Gegenteil dazu beizutragen, dass sich der Unterricht für sie verbesserte. Es kam zu sehr konstruktiven Vorschlägen der Schülerschaft und zur Vereinbarung, sich regelmäßig über die Qualität des Unterrichts auszutauschen. Ich führte dann die Befragung zur Unterrichtsqualität immer zeitgleich zur Bekanntgabe der mündlichen Noten ein. Das garantierte beiden Seiten eine wünschenswerte Regelmäßigkeit: Die Schülerinnen und Schüler wurden nach den Klassenarbeiten / Klausuren über meine Einschätzungen zum mündlichen Unterricht informiert, ich als Lehrer über den Unterricht der letzten Wochen.

Szenenwechsel:

Mathematiklehrer einer Realschule, Klasse 10: In einem Buch stellt die Lehrkraft Überlegungen vor, wie der Mathematikunterricht attraktiver, d.h. anwendungsorientierter gestaltet werden kann. Die in dem Buch hinterlegten Fotos aus dem Unterrichtsgeschehen machen deutlich, wie wichtig der Lehrkraft die Ergebnissicherung ist. Die Bilder vermittelten eine transparente Struktur des Unterrichtsgeschehens, auch durch den geschickten Einsatz von Kreide in verschiedenen Farben. Als Leser dieses Buches wurde man angeregt, viele Anleihen für den eigenen Unterricht herauszuziehen, so überzeugend wirkten die Überlegungen, Ideen und praxisnahen Umsetzungen. Abschließend berichtete der Autor dieses Buches von einem Abschlussfest dieser Klasse. Eine Schülerin überreichte ihm ein Geschenk. Nachdem er es ausgepackt hatte, fragte er die Schülerin, was er mit dem im Geschenkpapier eingewickelten Buch anfangen solle?

---

[86] https://www.iqesonline.net/index.cfm?id=BFC815BF-E166-118F-5AB8-C1885DFB3497. (Aufruf: 21.2.19).

Es enthielte lauter chinesische Hieroglyphen, die er nicht lesen bzw. interpretieren könne. Die Schülerin antwortete anschließend sinngemäß: „Sehen Sie, so habe ich mich in den letzten Jahren im Mathematikunterricht gefühlt."

Diese Antwort lässt einen sehr nachdenklich zurück: Wie eingangs beschrieben, war ich – als Mathematiklehrer – davon überzeugt, dass das Angebot dieses Lehrers richtig gut war. Ich konnte mir gar nicht vorstellen, dass nicht alle Schülerinnen und Schüler profitieren würden. Wie man sich täuschen kann. Erneut ein Argument dafür, sich bei den Schülerinnen und Schülern regelmäßig ein Feedback über das eigene Unterrichtsangebot geben zu lassen.

Szenenwechsel:

Ein Kollege (Deutsch, Englisch) berichtet über seine eigenen Schulerfahrungen mit dem Mathematikunterricht: „Bis zum 7. Schuljahr klappte alles bestens: Grundrechenarten, Bruchrechnen, Prozentrechnung und Dreisatz nebst Geometrie: keine Probleme. Aber dann kamen die seltsamen Buchstaben in den Unterricht. Ab diesem Moment ging gar nichts mehr. Und keinen interessierte es. Denn: Es stand ja im Mathebuch. Also musste es gemacht werden, egal ob man es verstand oder nicht …"

Szenenwechsel:

Eine Schweizer Schülerin schreibt ihre Maturitätsarbeit über das „Lehren und Lernen" an ihrer Schule. Kurze Hintergrundinformation: In der Schweiz wird die Hochschulreife u. a. durch eine Hausarbeit nachgewiesen. Der Nachweis einer guten Hausarbeit orientiert sich bereits sehr stark an universitären Gepflogenheiten: der Fragestellung gerecht werdende Strukturierung, angemessene Auswahl von Evaluationsinstrumenten, sichere Quellennachweisführung. In manchen Kantonen werden die besten Maturitätsarbeiten in einer außerschulischen Veranstaltung gewürdigt und gefeiert.

In der o. g. Arbeit reflektiert die Schülerin die Thesen der Hattie-Studie, indem *„ich im ersten Teil den Aufbau und die Schlüsse von John Hatties Werk (beschreibe) und im zweiten Teil seine Ergebnisse mit den Aussagen von 119 Schülerinnen und Schülern (meiner Schule vergleiche und überprüfe). (…) Dazu habe ich eine Umfrage zu ausgewählten Faktoren durchgeführt und ausgewertet. Ihre Auswirkungen auf die Zeugnisnoten und die Wechselwirkungen untereinander stehen im Zentrum meiner Untersuchungen."*[87]

Als Abschluss formuliert sie aus den gewonnenen Erkenntnissen mögliche Entwicklungsfelder (Feedback, Klarheit der Lehrperson) zur weiteren Optimierung der Lernsituation: *„Meines Erachtens ermöglicht aber Hatties Vorgehen, den vielschichtigen Vorgang des Lernens bewusster zu sehen und bietet dadurch Möglichkeiten, ihn gewinnbringend zu beeinflussen. Der Lernerfolg ist von unzähligen Faktoren (…) abhängig, dennoch ist die zentrale Person immer der Lernende selbst. (…) Lernende, die angeben, regelmäßig Feedback zu erhalten, bezeichnen sich selber generell als sehr motiviert. Zudem ermöglicht das Feedback, Anerkennung und Wertschätzung auszudrücken (…) Schülerinnen und Schüler, die klar verständliche und präzise Aufträge, Anweisungen und Erwartungen bekommen, beurteilen ihre Lehrperson tendenziell mit einer hohen Qualität. Je diffuser und unklarer die Aufträge geäußert werden, desto negativer fällt die Einschätzung der Lehrperson aus Sicht der Lernenden aus."*[88]

Theorie

Feedback ist „eine offene Rückmeldung an eine Person oder an eine Gruppe, wie ihr Verhalten von anderen wahrgenommen und gedeutet wird. Die regelgemäße Anwendung der Feedback-Technik schafft mehr Offenheit und Klarheit in Beziehungen und kann damit zu einer verbesserten Kommunikation im Lern- und Arbeitsalltag verhelfen."[89]

---

[87] Nadine Barth: Lehren und Lernen am MNG Rämibühl. Eine Reflexion wichtiger Thesen der Hattie-Studie, 2014
[88] Ebd.
[89] http://methodenpool.uni-koeln.de/download/feedback.pdf. (Abruf: 19.2.2019)

„Schülerfeedback bedeutet eine Rückmeldung (Feedback) von Schülerinnen und Schülern (allgemeiner: Lernenden) über den Unterricht. Im engeren Sinne ist damit eine unter bestimmten Fragestellungen erfolgende Rückmeldung möglichst aller Teilnehmer einer Klasse oder eines Kurses über zurückliegenden Unterricht gemeint. Diese hat gegenüber einzelnen, oft spontanen Rückmeldungen den Vorteil, dass solch eine Rückmeldung reflektierter und unabhängig von momentanen Befindlichkeiten erfolgen kann.“[90]

Im unterrichtlichen Kontext wird von Lehrkräften häufig befürchtet, dass es ausschließlich Kritik hagelt. *„Im Gegensatz zu Kindern haben Erwachsene oft verlernt, offen ihr Denken und Fühlen zu artikulieren. Gründe sind Angst vor Verletzungen oder Sanktionen. (…) Wir neigen oft dazu, das, was wir an einer Person wahrnehmen, zu interpretieren und die Person daraufhin zu bewerten bzw. in eine Schublade zu stecken. Dabei unterstellen wir ihrem Verhalten bestimmte Motive und ordnen diese dann bestimmten zu Grunde liegenden Charaktereigenschaften zu. Da es sich dabei meist um reine Unterstellungen handelt, folgt daraus ein gewisser Teufelskreis: Der Mitmensch wird abgestempelt und in eine bestimmte Schublade gesteckt. Daraufhin nimmt man nur noch das wahr, was die Vorurteile bestätigt. Außerdem geht man davon aus, dass man die Person verletzt, wenn man ihr offen sagen würde, was man über sie denkt. (…) Dieser Teufelskreis kann durch Feedback verhindert werden: Indem man das Verhalten von Menschen in gemeinsamen Kommunikationssituationen beschreibt, aber nicht bewertet, ist es dem Feedback-Nehmer möglich, Kritik anzunehmen und daraufhin gegebenenfalls auch bestimmte Verhaltensweisen zu ändern. Der Feedback-Geber lernt dabei, die vorgefertigten Bilder, die er von seinen Mitmenschen abgespeichert hat, in Frage zu stellen und darüber hinaus auch allgemein vorsichtiger mit Urteilen umzugehen und anderen eine Chance zu geben.“*[91]

Bastian hat in einem Beitrag zu Feedbackmethoden[92] u. a. folgende Gelingensbedingungen angegeben:
Entscheidend für das Gelingen ist eine Haltung des Lehrenden, wie sie für alle Arrangements zur Beteiligung grundlegend ist: Neugier und Vertrauen in die Gestaltungskraft von Lernenden.
Rückmeldeformen und -instrumente sollten nicht einfach übernommen werden; besser ist, sie an die eigene Situation und Fragestellung anzupassen. Rückmeldeformen und -instrumente sind dann geeignet, wenn die Beteiligten von ihrem Sinn überzeugt sind, weil sie sich davon Verbesserungen versprechen.

Jörg Fengler gibt in seinem Buch „Feedback geben: Strategien und Übungen"[93] für einen komprimierten Überblick folgende Liste der dreizehn hilfreichen Funktionen des Feedbacks an:

1. Feedback hilft bei der Selbsteinschätzung.
2. Feedback steuert Verhalten.
3. Positives Feedback ermutigt.
4. Feedback hilft bei der Fehlersuche.
5. Feedback fördert persönliche Lernprozesse.
6. Feedback hebt die Motivation.
7. Feedback hilft, zielgerichtet zu arbeiten.
8. Feedback ermöglicht die Fähigkeit, sich hilfreiches Feedback verschaffen zu können.
9. Feedback führt zu einem Zuwachs an Einfluss beim Empfänger und beim Geber von Feedback.
10. Feedback bewirkt eine engere Verbindung mit der Aufgabe.
11. In Verhandlungen hilft es bei der Einschätzung von Angeboten.
12. Feedback hilft bei der Identifikation mit der Arbeitsumgebung und bei der Planung von beruflicher Entwicklung.
13. Feedback hilft, die Qualität von Entscheidungen zutreffend zu bewerten und zu beurteilen.

---

[90] https://wiki.zum.de/wiki/Sch%C3%BClerfeedback. (Aufruf: 21.2.19).
[91] http://methodenpool.uni-koeln.de/download/feedback.pdf (Abruf: 19.2.2019)
[92] Bastian, J.: Hinweise zur Gestaltung von Feedbackarbeit. In: Pädagogik 04–14. Beltz-Verlag. S. 35.
[93] Vgl. Fengler, J.: Feedback geben. Strategien und Übungen. Beltz 2017.

Auch das mehrfach genannte Bild geht auf die Notwendigkeit einer sinnvollen Rückmeldung ein, denn kompetenzorientierter Unterricht zielt in besonderem Maße darauf ab, dass die Schülerinnen und Schüler ihre eigenen Lernprozesse reflektieren und darüber strategisches Wissen über die erfolgreiche Bewältigung entwickeln.

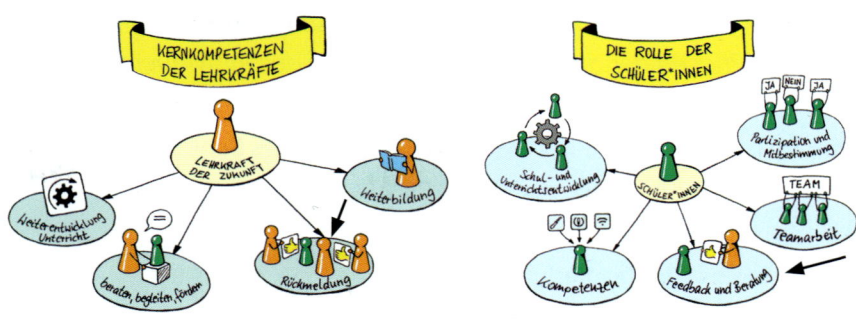

Umgekehrt können auch die Lehrkräfte aus den Rückmeldungen der Schülerinnen und Schüler entsprechende Schlussfolgerungen zu ihrem Unterrichtsangebot ziehen, wenn man allerdings auch sagen muss: Manche Rückmeldung ist nicht angenehm, weil sie dem eigenen (pädagogischen) Selbstverständnis möglicherweise widerspricht. Gleichwohl helfen die qualitativen Rückmeldungen der Schülerinnen und Schüler bei einer anschließenden Regulation. Und: Es benötigt Zeit, bis man die Verfahren stabil in den Lerngruppen etabliert hat. Wünschenswert ist hier ganz sicher, dass man die eine oder andere Methode schulweit einführt.

Praxis

Führt man eine Google-Suche „Feedbackinstrumente Unterricht" durch, wird man von einer schier unübersichtlichen Menge an Information erschlagen. Generell gilt die Aussage: *„Egal welches Feedback, wichtig ist das richtige Werkzeug."*[94]

„Effektives Lehren und Lernen ist auf Rückmeldungen, auf Resonanz und Austausch angewiesen, Unterrichtsqualität profitiert vom Feedback, das …

- *Schüler vom Lehrer,*
- *Schüler von Mitschülern,*
- *Lehrer von den Schülern,*
- *Lehrer von Kollegen*

bekommen."[95] Die verschiedenen Arten von Feedback werden im Folgenden genauer erläutert[96]:

Lehrer geben Schülern Feedback

Kompetenzorientierter Unterricht hat die Förderung des Schülers im Blick; es geht darum, ihm beim Lernen zu helfen und seine Lernleistungen zu optimieren. Ziel ist es, den Schülern aufzuzeigen, wo sie „stehen", welche Fortschritte sie gemacht haben und wo ihre Leistungen einzuordnen sind. Ein nützliches Feedback ist individualisierend sowie aufmunternd, es stärkt das Selbstvertrauen des Lernenden, es ist nie verletzend. Über ein kritisches und förderliches Feedback wächst auch die Sensibilisierung des Schülers hinsichtlich der Selbsteinschätzung seines Könnens und Wissens. *„Bewertendes Feedback hält das Augenmerk der Schüler auf das Jetzt gerichtet. Feedback zur Lernentwicklung lenkt ihr Augenmerk auf das nächste Mal. (…) Formative Leistungsrückmeldung hingegen liefert den Schülern Informationen, die sie nutzen können, um ihre Leistung in der Zukunft zu verbessern. Sie hilft den Schülern die Kriterien für die Beherrschung eines Stoffes zu erfassen, zeigt ihnen, wo sie sich in Bezug auf die Standards befinden, und zeigt ihnen, wie sie von ihrem aktuellen Standort aus zum Ziel gelangen können."*[97]

[95] https://li.hamburg.de/contentblob/4138846/e0d6a548046b31802b7570bfb95a8386/data/download-forum-sek-ii-2013-akzente-fuer-einen-lernwirksamen-unterricht.pdf. S. 14. (Aufruf 21.2.19).
[96] Vgl. Ebd.
[97] https://lehrerfortbildung-bw.de/faecher/sport/gym/fb1/06_hand/handreichung_feedback.docx. (Aufruf: 21.2.19).
[97] Jackson, R.: Arbeiten Sie nie härter als ihre Schüler. Beltz-Verlag 2009. S. 190.

Lernen ist ein individueller Prozess und benötigt Zeit. *„Für die Gestaltung des Unterrichts bedeutet dies, dass es neben Phasen der direkten Instruktion und des individuellen Arbeitens verstärkt Phasen einer individuellen und dann auch gemeinsamen Reflexion über den Lernfortschritt geben muss."*[98] Deutlich von Leistungssituationen ausgewiesene Lernzeiten ermöglichen es Schülerinnen und Schülern, Fehler machen zu dürfen und in ihrem eigenen Lerntempo zu arbeiten.

Wie kann das funktionieren?

Schülerinnen / Schüler-Lehrkraft-Gespräch: Besonders hilfreich ist es, wenn man zuvor den Rahmen vereinbart hat, auf den die Schülerin/der Schüler eine Rückmeldung erwartet, da in diesem Fall eine Eigeneinschätzung der Schülerinnen und Schüler und Fremdeinschätzung durch die Lehrkraft gegenübergestellt werden kann. Ein möglicher Rahmen können der individuelle Lernprozess, Beobachtungen zum Arbeits- und Sozialverhalten, aber auch Feedbacks an Gruppen von Schülerinnen und Schülern sein (z. B. bei Partner- und Gruppenarbeiten).

Portfolio, Lerntagebuch, Lernjournal[99]**:** Besonders großen Effekt zeigt das Prozessmodell dann, wenn man sich mit den Schülerinnen und Schülern auf eine Dokumentationssystematik verständigt. Ziel ist, dass jeder Lernende regelmäßig über seinen Lernprozess reflektiert. Dabei orientieren sich die Schülerinnen und Schüler an bestimmten Leitfragen und beantworten sie zum Beispiel folgendermaßen:

- Das habe ich gemacht.
- Das habe ich gelernt.
- Das ist für mich persönlich wichtig.
- Das ist mir gut gelungen.
- So bin ich vorgegangen, damit es mir gelingt.
- Damit hatte ich Schwierigkeiten.
- So habe ich auf die Schwierigkeiten reagiert.
- So habe ich mich heute gefühlt.
- Ich bin zufrieden mit meiner Leistung, weil …

Mit diesen Fragen machen sich die Schülerinnen und Schüler ihre Lernfortschritte bewusst, kommen zu realistischen Selbsteinschätzungen und können eigene Stärken und Schwächen einschätzen. Doch diese Dokumentation entfaltet nur dann Wirkung, wenn die Lehrkraft regelmäßig eine Rückmeldung gibt (z. B. während der Phase 3 und 4 des Prozessmodells) bzw. es zu einem Beratungsgespräch nutzt (z. B. am Ende der Unterrichtseinheit, in der Phase 5).

Digital: Mit den digitalen Lernumgebungen (Moodle, IServ®, lo-net2®) kommen zunehmend auch Apps ins Spiel, die digitale Rückmeldungen ermöglichen. Eine Lehrerin hat in einem Blogbeitrag einmal dargestellt, wie sie bei der Korrektur von Klassenarbeiten mithilfe individualisierter Audiofiles vorgegangen ist.[100] Sicher sehr motivierend für Schülerinnen und Schüler, (noch) recht aufwendig für die Lehrkräfte, aber ganz sicher „die Zukunft" …

Schüler geben Mitschülern Feedback

Wenn Schüler um die positive Bedeutung von Feedback wissen und wenn sie in der Lage sind, ihre Rückmeldungen konstruktiv zu formulieren, dann ist der Mitschüler oft der „bessere Lehrer". Voraussetzung ist, dass den Schülern Beobachtungskriterien zur Hand gegeben werden, die sie verstanden haben, um sie sinnvoll anwenden zu können. So können Schüler einander korrigieren und lernen, darüber ihre eigene Wahrnehmung mit der anderer abzugleichen.

---

[98] Feindt, A./ Meyer, H.: Kompetenzorientierter Unterricht. In: Die Grundschulzeitschrift 237/ 2010. S. 32.
[99] https://www.iqesonline.net/index.cfm?id=7558F7DE-5056-9456-D65F-AFCFF61D312C. (Aufruf: 21.2.19).
[100] Vgl. https://sonnigeeinsichten.jimdo.com/2017/10/31/audiokommentare-zur-klassenarbeit-mein-workflow/. (Aufruf: 21.2.19).

Wie kann das funktionieren?[101]

Um die Chancen auf positive Wirkung zu erhöhen, sind den Schülerinnen und Schülern Regeln an die Hand zu geben, die „trainiert" werden müssen, denn manchmal nutzen diese die Rückmeldeform als Abrechnung. Diese sensible Kommunikationsform lässt sich aber ganz gut im Klassenrat thematisieren bzw. aufgreifen und trainieren[102]:

Wie Feedback sein sollte:
- beschreibend, nicht bewertend
- konkret
- angemessen
- brauchbar
- erwünscht, erbeten
- klar und präzise formuliert
- sachlich richtig
- nicht zu umfassend
- systemisch, d. h. den jeweiligen Kontext berücksichtigend

Geben von Feedback:
- beschreiben, nicht bewerten
- positive Rückmeldungen zuerst, Kritisches danach
- Rückmeldungen möglichst konkret geben
- in „Ich-Form" formulieren zur Verdeutlichung, dass es sich um die eigene subjektive Sicht handelt
- Verkraftbarkeit vor Vollständigkeit

Annehmen von Feedback:
- aufmerksam zuhören
- unkommentiert annehmen, nur zuhören
- nicht verteidigen oder rechtfertigen
- bei Störungen Signal geben
- Rückmeldung und Dank an Feedback-Geber / in

Instrumente:
- Blitzlicht

   Es kann zu Beginn, während oder am Ende einer Unterrichtsstunde eingesetzt werden. Jeder äußert sich reihum in Form von ein bis zwei Sätzen zu der gestellten Frage, z. B.: Was gefällt mir bis jetzt? Dabei sollten Ich-Botschaften formuliert werden, z. B.: „Ich finde es gut, dass wir über Theorie reden." Alle anderen sind während der Äußerung nur Zuhörer, es dürfen lediglich Verständnisfragen gestellt werden. Hat jeder etwas gesagt, kann über die angesprochenen Probleme und darüber, was man im Verlauf der Lerneinheit ändern kann, diskutiert werden.
- Kugellager

   Beim Kugellager stehen sich immer zwei der Schülerinnen und Schüler gegenüber. Es gibt einen Innenkreis und einen Außenkreis. Die Lehrperson stellt die Fragen oder Aufgaben.

   Erinnert euch an ein schönes Erlebnis mit eurem Gegenüber und berichtet, was euch daran gefallen hat.

---

[101] Vgl. https://www.lernvisionen.ch/kursunterlagen/downloads/sus-feedback-instrumentenkoffer.pdf. (Aufruf: 21.2.19) und https:// www.friedrich-verlag.de/fileadmin/redaktion/sekundarstufe/Paedagogik_und_Faecheruebergreifende_Themen/Schulpaedagogik/ Lernchancen/Leseproben/Lernchancen_86_Leseprobe_3.pdf. (Aufruf: 21.2.19).
[102] Ebd.

Wenn euch keines in den Sinn kommt, dann erfindet ein schönes gemeinsames Erlebnis für die Zukunft. Macht euch gegenseitig ein Kompliment.

Berichtet einander, was ihr von den Informationen des Vortrags von X verstanden habt. Falls ihr Fragen habt, schreibt diese auf einen Notizzettel.

Berichtet einander, was ihr voneinander wisst, was ihr gut könnt.

Versucht beim Visavis herauszufinden, was er / sie zu Hause gerne macht. Und lasst euch dann sagen, ob es stimmt oder nicht usw.

Die Lehrperson wird ein Gefühl entwickeln, wann die Zeit ist, entweder den einen Kreis um eine Person nach rechts oder links weiterzuschicken (Kugellager) und / oder die Fragestellung zu ändern. Diese Übung ist sehr vielfältig nutzbar.

- Stumme Feedbackrunde

  Eine Gruppe von fünf bis zehn Kindern sitzt um einen Tisch. Jede Schülerin und jeder Schüler erhält ein leeres Blatt und schreibt den Namen auf den unteren Rand. Ganz oben sollen sie in einem Satz eine positive Eigenschaft von sich selbst notieren. Dann wird dieser Satzteil nach hinten gefaltet und das Blatt an den rechten Sitznachbarn weitergegeben. Dieser liest den Namen unten auf dem Blatt, schreibt für diese Schülerin oder diesen Schüler einen Satz mit einer positiven Eigenschaft auf und faltet diesen Abschnitt wiederum nach hinten. Die Runde ist beendet, wenn jedes Kind wieder sein eigenes Blatt vor sich hat – es nun auffalten und lesen (genießen) kann. Hilfreich in Bezug auf die Qualität der aufgeschriebenen Feedbacks ist, dass die Kinder das Feedbackgeben bereits geübt haben.

Schüler geben Lehrern Feedback

„Geht es um die Qualität von Unterricht, so können sehr wohl auch Schüler ihrem Lehrer Rückmeldungen geben – sie erleben schließlich Unterricht jeden Tag. So können sie am Ende einer Stunde bzw. am Ende einer Einheit zu altersangemessenen Inhalten des Unterrichts befragt werden, sie geben bzgl. ihres eigenen Lernens Auskunft und können sich auch zu ihrem eigenen Verhalten äußern. Der Lehrer erhält damit Einblick in die Erwartungen und Wünsche der Klasse, ebenso in Lernvorgänge und Lernschwierigkeiten einzelner Schüler. Gleichzeitig bekommt er ein Feedback zu den Auswirkungen seines Unterrichtens und seines Verhaltens. (Bin ich mit meinem Unterricht bei den Schülern angekommen?) Schüler erhalten so die Möglichkeit, in Teilen ‚Unterricht mitzugestalten und mehr Verantwortung für das Lernen zu übernehmen' (Strahm, 2008, S. 81). Ein solcher Austausch nützt in der Regel sowohl dem Lehrenden als auch den Lernenden. Feedbackergebnisse sollten zeitnah mit der Klasse besprochen werden und auch tatsächlich in den Unterricht einfließen, denn alle Beteiligten sollten wissen, ‚wohin das Feedback geht und wer was damit macht' (Bastian / Combe / Langer, 2007, S. 101)."[103]

Wie kann das funktionieren?

- Ein-Punkt-Methode

  „Diese Feedback-Methode ermöglicht es, Befindlichkeiten und Lernprozesse in der Klasse transparent und sichtbar zu machen und sehr schnell Entscheidungen zum weiteren Vorgehen zu treffen.

  Was die Lehrkraft macht? – Ein einfacher Strich genügt. Eine Frage oder Aussage wird formuliert und zwei Antworten werden links und rechts angeschrieben oder gezeichnet.

  Was Schülerinnen und Schüler machen? – Sie verorten sich auf der Linie, z.B. durch Ankreuzen, mit einem Magneten oder einem kleinen Punktaufkleber.

  Ergebnisse und Weiterarbeit: Es werden Häufungen und Abweichungen sichtbar. Kamen alle gleich gut mit? Haben sich verschiedene Gruppen gebildet, auf die man in der Folge differenzierter eingehen kann? Sollte das Anforderungsniveau angepasst werden?"[104]

---

[103] https://lehrerfortbildung-bw.de/faecher/sport/gym/fb1/06_hand/handreichung_feedback.docx. (Aufruf: 21.2.19).
[104] Schülerfeedback 5: Feedback – Methoden für den Schulalltag mit Papier und Tafel © Edkimo GmbH, Berlin, https://edkimo.com/feedback-instrumente-papier-tafel/. (Aufruf: 21.2.19).

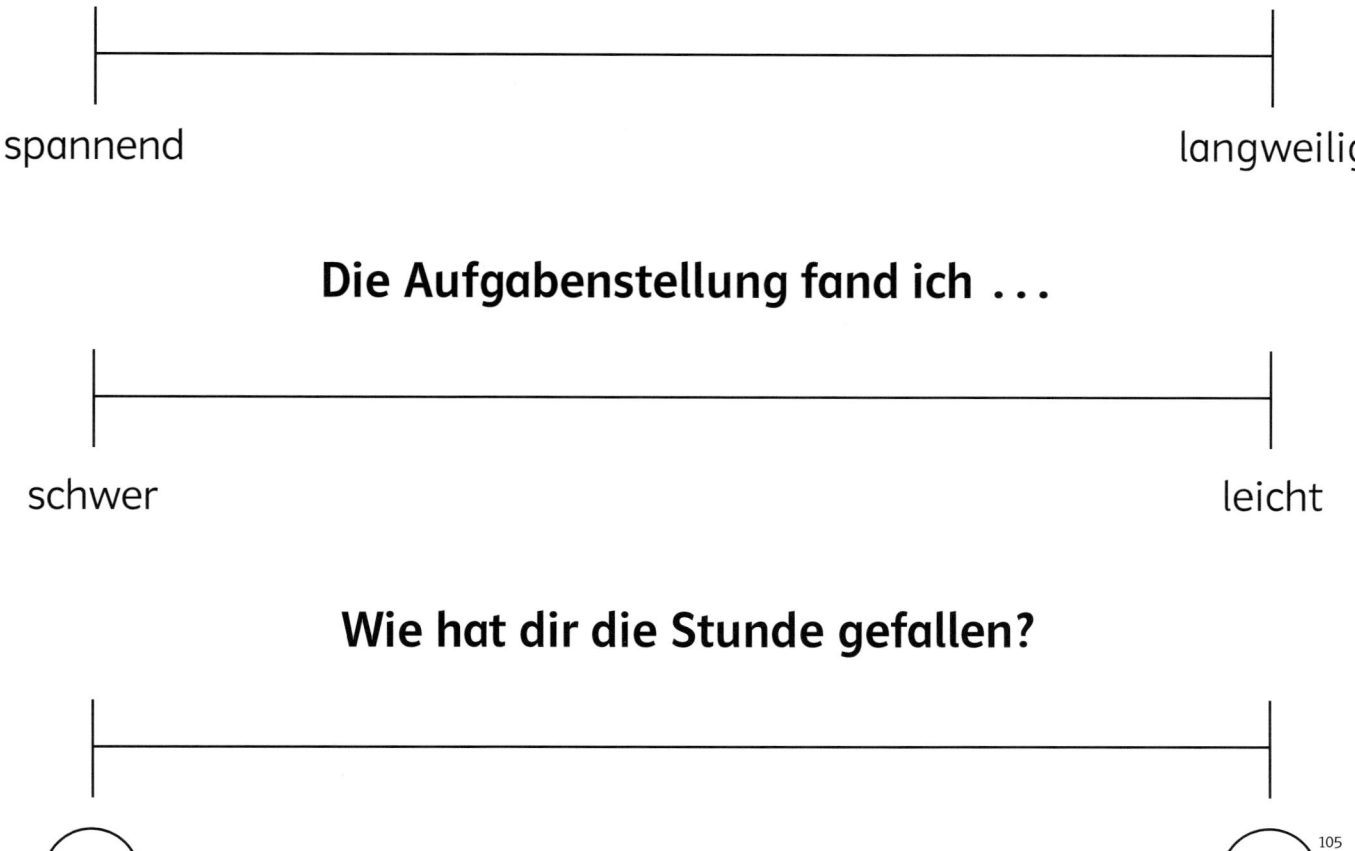

Das neue Thema fand ich . . .

spannend   langweilig

Die Aufgabenstellung fand ich . . .

schwer   leicht

Wie hat dir die Stunde gefallen?

[105]

- Zielscheibe

„Die Feedback-Zielscheibe (auch: Evaluations-Zielscheibe) ist eine sehr beliebte Feedback-Methode, weil sie sehr flexibel einsetzbar ist. Sie ermöglicht es, die Gruppenwahrnehmung in mehreren Bereichen gleichzeitig sichtbar zu machen, die verschiedenen Bereiche miteinander zu vergleichen und Entscheidungen zum weiteren Vorgehen zu treffen.

Was die Lehrkraft macht? – Ein paar Kreise und Linien genügen. Ein bestimmtes Thema oder eine Frage als Titel der Zielscheibe werden formuliert. Der Kreis wird in verschiedene Abschnitte unterteilt (im Beispiel sind es vier Bereiche) und zu jedem Abschnitt ein Themenbereich vorgegeben, zu dem die Klasse Feedback geben soll. Der positivste Wert liegt im Zentrum.

Was Schülerinnen und Schüler machen? – Jede der Schülerinnen und Schüler erhalten dabei so viele Punkte wie Bereiche in der Zielscheibe sind. Sie verorten sich auf der Zielscheibe, positive Werte liegen in der Mitte. Dabei kann jeder Schüler mehrmals abstimmen, um zu jedem Bereich eine Rückmeldung zu geben. Dies kann z.B. durch Ankreuzen, einem Magneten am Whiteboard oder einem kleinen Punktaufkleber auf dem Papier umgesetzt werden.

Ergebnisse und Weiterarbeit: Feedbackzielscheiben sind direkt nach dem Feedbackanlass interpretierbar. Es werden Häufungen und Abweichungen sichtbar. Waren bestimmte Bereiche besonders positiv, andere weniger gut? War die Wahrnehmung in der Klasse einheitlich oder eher gemischt?"[106]

---

[105] Schülerfeedback 5: Feedback – Methoden für den Schulalltag mit Papier und Tafel © Edkimo GmbH, Berlin, https://edkimo.com/feedback-instrumente-papier-tafel/. (Aufruf: 21.2.19)
[106] https://edkimo.com/feedback-instrumente-papier-tafel/. (Aufruf: 21.2.19)

Wie war die letzte Unterrichtseinheit?

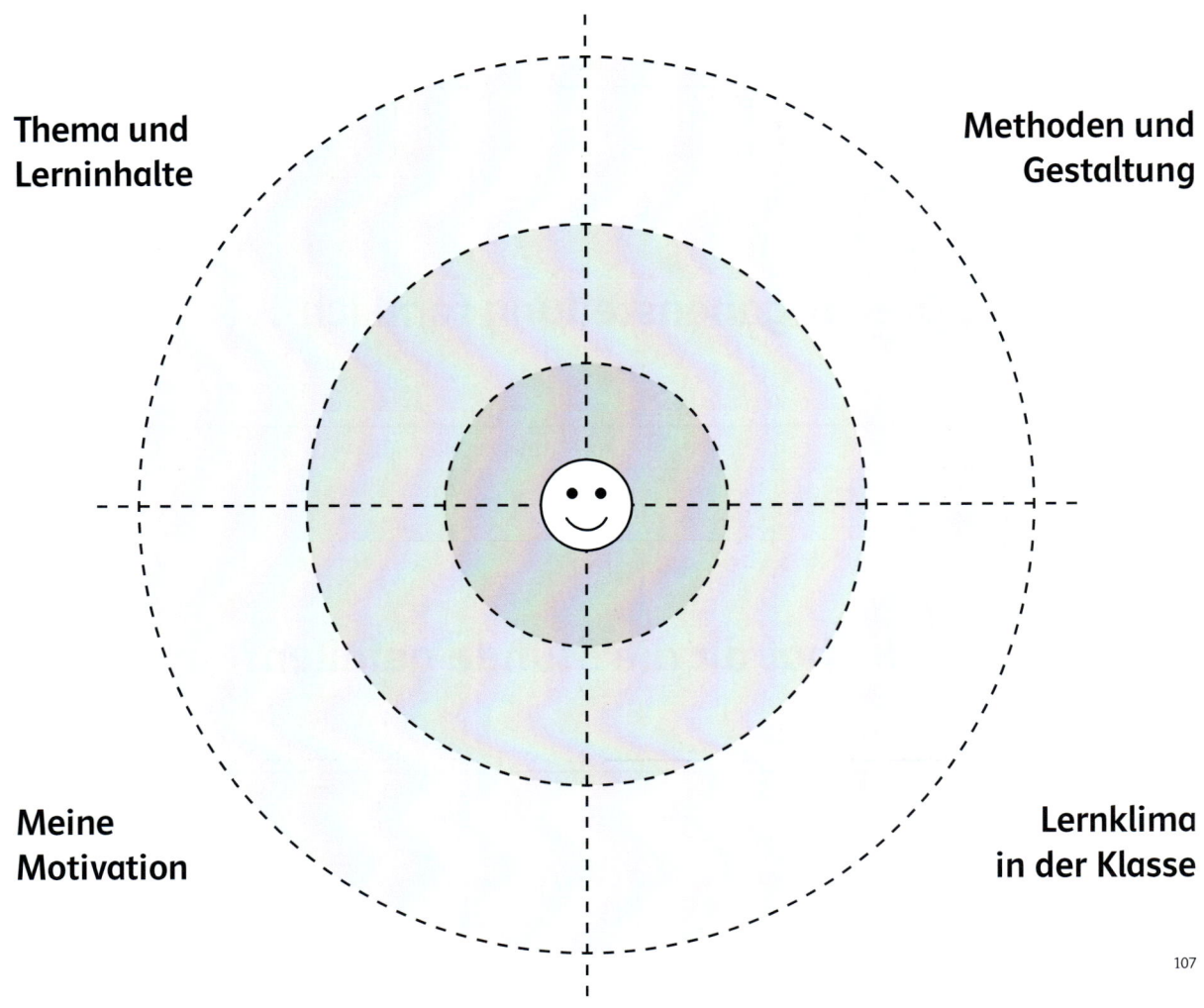

Thema und Lerninhalte

Methoden und Gestaltung

Meine Motivation

Lernklima in der Klasse

107

- Vierer-Feld

„Die Feedback-Methode Vierer-Feld (oder: Vierfelder-Tafel) ermöglicht es, die Klassenwahrnehmung in zwei Dimensionen sichtbar zu machen und Entscheidungen zum weiteren Vorgehen zu treffen.

Was die Lehrkraft macht? – Vier Felder werden aufgezeichnet und die Spalten und Zeilen beschriftet. Ein bestimmtes Thema oder eine Frage werden als Titel des Viererfeldes formuliert. In den Spalten befinden sich die beiden Bereiche, z. B. Lernklima und Lernergebnis. In den Zeilen erfasst man positive und negative Rückmeldungen, z. B. durch Smileys.

Was Schülerinnen und Schüler machen? – Sie verorten sich auf der Vierfelder-Tafel. Jede Person hat zwei Stimmen und gibt eine anonyme Rückmeldung z. B. durch Ankreuzen, einen Magneten oder einen kleinen Punktaufkleber.

Ergebnisse und Weiterarbeit: Es werden Häufungen und Abweichungen innerhalb der Lerngruppe, aber auch zwischen den einzelnen Bereichen sichtbar. War das Lernklima zwar gut, aber viele sind mit dem Ergebnis unzufrieden? Haben einige viel, andere wenig gelernt? Wie kann man die Ergebnissicherung oder das Lernklima zukünftig verbessern?"[108]

---

[107] Ebd.

[108] Schülerfeedback 5: Feedback – Methoden für den Schulalltag mit Papier und Tafel © Edkimo GmbH, Berlin, https://edkimo.com/feedback-instrumente-papier-tafel/. (Aufruf: 21.2.19).

Wie zufrieden bist du mit der letzten Stunde?

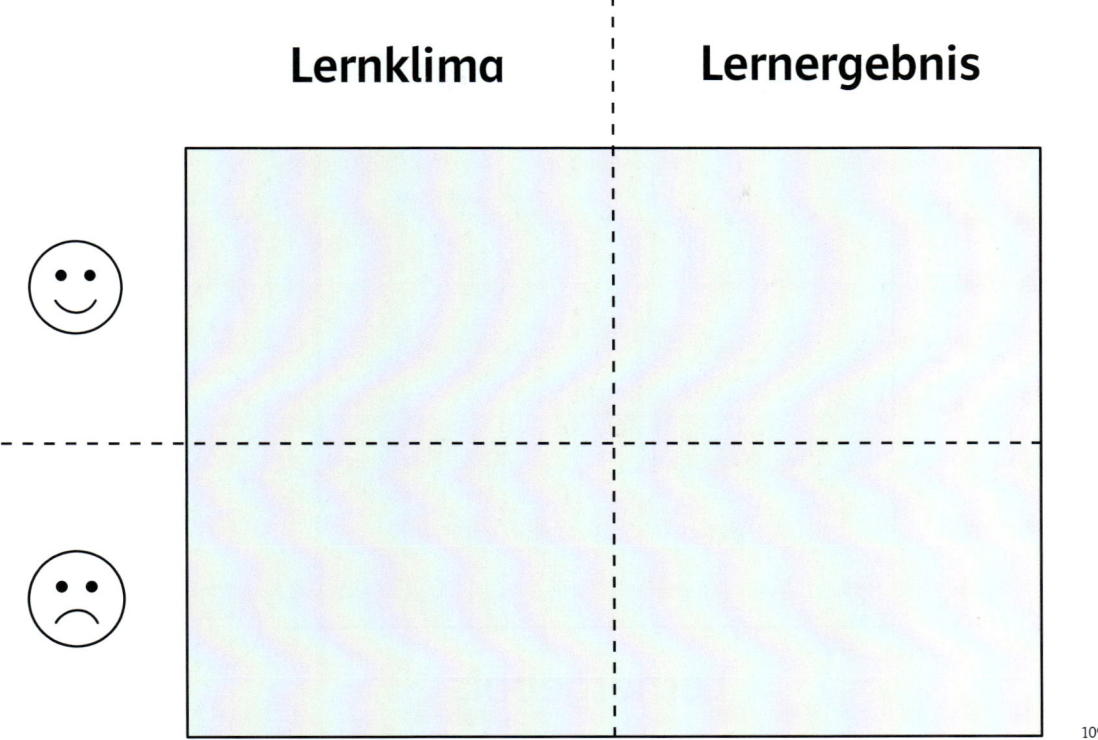

Lernklima | Lernergebnis

109

- Koordinatensystem

„Die Feedback-Methode Koordinatensystem ermöglicht es, die Klassenwahrnehmung in zwei Dimensionen sichtbar zu machen und Entscheidungen zum weiteren Vorgehen zu treffen.

Was die Lehrkraft macht? – Man zeichnet ein Koordinatensystem und beschriftet die beiden Achsen. Ein bestimmtes Thema oder eine Frage werden als Titel des Viererfeldes formuliert. Die Achsen bezeichnen die beiden Bereiche, z.B. Lernklima und Lernergebnis. Jede Achse startet im Nullpunkt mit dem negativen Wert und endet mit dem positiven Wert, hier z.B. durch Smileys dargestellt.

Was Schülerinnen und Schüler machen? – Die Schüler verorten sich im Koordinatensystem. Jede Person hat genau eine Stimme. Das anonyme Feedback erfolgt z.B. durch Ankreuzen, einen Magneten oder einen kleinen Punktaufkleber.

Ergebnisse und Weiterarbeit: Durch die entstehende Anhäufung von Punkten werden Schwerpunkte und Abweichungen innerhalb der Lerngruppe und für die beiden Bereiche sichtbar. Gehört zu dem guten Lernergebnis in der Klasse auch ein gutes Lernklima? Besteht ein sichtbarer Zusammenhang zwischen Lernklima und Lernergebnis? Wie kann die Arbeit in der Klasse zukünftig differenzierter und für alle erfolgreicher gestaltet werden?"[110]

[109] Ebd.
[110] Schülerfeedback 5: Feedback – Methoden für den Schulalltag mit Papier und Tafel © Edkimo GmbH, Berlin, https://edkimo.com/feedback-instrumente-papier-tafel/. (Aufruf: 21.2.19).

Wie zufrieden bist du mit der letzten Stunde?

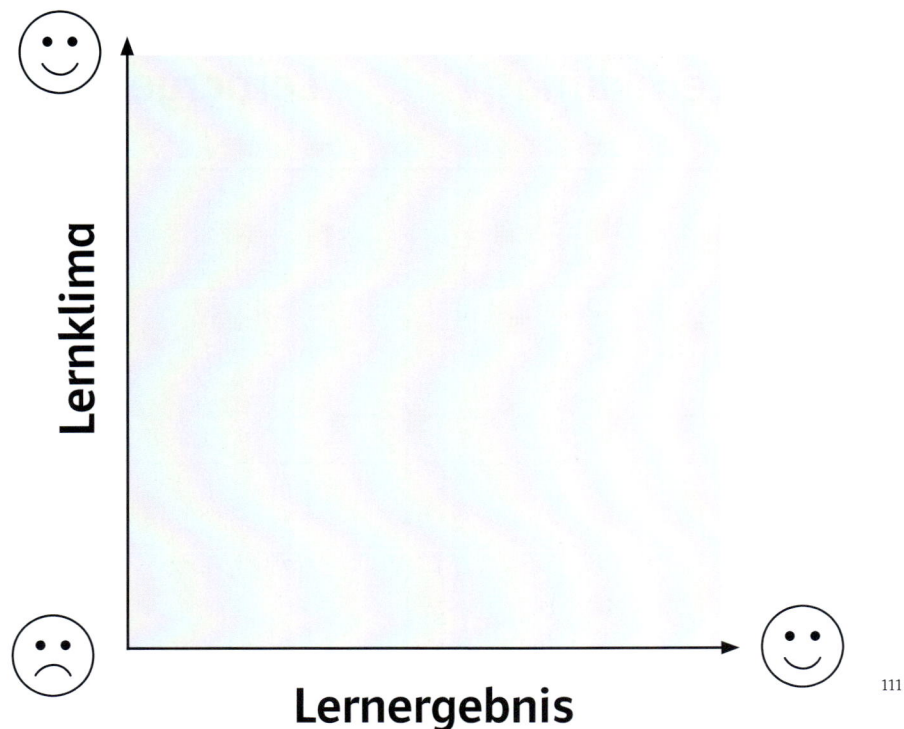

- Digital

„Anonymisierung kann nur bedingt gewährleistet werden: Möglicherweise ist es in der Anfangsphase sinnvoll, dass Lehrende während der kurzen Feedback-Phase den Raum verlassen, sodass Schüler ehrliches Feedback geben können. Umgekehrt ist auch denkbar, dass auf Anonymisierung ausdrücklich verzichtet wird und dass Lernenden anstelle eines Punktes oder Kreuzes ihren Namen an die entsprechende Stelle schreiben. So kann anschließend differenziert auf die Bedürfnisse einzelner Lernender reagiert werden. Dazu ist jedoch ein gutes Vertrauensverhältnis zwischen Lehrenden und Lernenden sowie innerhalb der Lerngruppe erforderlich.“[112] Im Übrigen kann hier u. U. das Beratungsgespräch (s. o.) mehr Wirkung (für beide Seiten) erzielen.

Darüber hinaus sind Antwortverzerrungen möglich (Gruppeneffekte; soziale Erwünschtheit): *„Dadurch, dass später antwortende Schüler bereits die Antworten der anderen sehen können, lässt es sich nur schwer vermeiden, dass Antworten verzerrt werden. Beispielsweise möchte eine Schülerin oder ein Schüler mit der eigenen Meinung nicht als Außenseiter dastehen und verortet sich lieber dort, wo die Mehrheit der Klasse geantwortet hat. Oder umgekehrt kann eine Außenseitermeinung als Profilierung genutzt werden. Hier lohnt es sich langfristig Vertrauen aufzubauen, Veränderungen durch Schülerfeedback erlebbar zu machen und wiederholt darauf hinzuweisen, dass nur durch ehrliche Antworten der Unterricht gemeinsam verbessert werden kann.“*[113]

Es empfiehlt sich, dieses Vertrauen zunächst mit anonymen Feedback-Methoden aufzubauen. Eine Hamburger Lehrerin beschreibt in einem Blogbeitrag ein Szenario und daraus folgende Erkenntnisse folgendermaßen:

„Ich habe (das Tool) eingesetzt, als ich in einer neunten Klasse neu begann und es zunächst viele Schwierigkeiten zwischen mir und den Schülern gab. Nach einem etwas längeren Lernprozess, dass ich es wirklich ernst damit meine, ihre Meinung zu hören und zu beachten (Feedback erzwungen, Feedback besprochen, Anregungen umgesetzt, neues Feedback usw.), half uns der Prozess, wesentliche Knackpunkte zu finden und zu beheben. Danach hatten die Schüler kein Interesse mehr am Tool – sie fanden das Klima jetzt so angenehm, dass eine Rückmeldung nicht mehr anonym gegeben werden musste und die Gespräche nach dem Unterricht

---

[111] Ebd.
[112] Ebd.
[113] Schülerfeedback 5: Feedback – Methoden für den Schulalltag mit Papier und Tafel © Edkimo GmbH, Berlin, https://edkimo.com/feedback-instrumente-papier-tafel/. (Aufruf: 21.2.19).

lösten das technische Feedback komplett ab. Im Laufe des Prozesses gab es immer wieder auch persönliche Beleidigungen oder eher destruktives Feedback (pauschal alle Kreuze auf schlecht gesetzt, Fragen nicht gelesen …), aber durch die Befragung der kompletten Klasse relativierte sich dieses negative Bild immer, sodass ich stets gut damit umgehen und konstruktiv damit arbeiten konnte. Das ist ein großer Vorteil vor einer Gesprächsrunde, bei der stille Schüler oft hinter den lauten ‚Stimmungsmachern' verschwinden können." [114]

Vier Anbieter, bei denen sich ein genauerer Blick lohnt:

EMU (http://www.unterrichtsdiagnostik.info/): EMU ist ein Paket, das im Auftrag der Kultusministerkonferenz (KMK) für die Schulpraxis entwickelt wurde. EMU schafft Anlässe, um über eigenen Unterricht nachzudenken, orientiert sich an Kriterien der Lernwirksamkeit und legt dabei neben der Selbstreflexion auch andere Sichtweisen zugrunde. Der Kern von EMU besteht darin, Lehren und Lernen sichtbar zu machen: durch datengestützten Austausch unterschiedlicher Sichtweisen (z. B. Schüler und Lehrpersonen), durch Öffnung eigener subjektiver Theorien und das Erkennen blinder Flecken. Die Datenhoheit über die dabei erhobenen und analysierten Daten verbleibt immer bei den handelnden Lehrpersonen. EMU wurde seit seiner Verfügbarkeit im Jahre 2011 über 400.000 Mal heruntergeladen; außerdem gibt es inzwischen über 50 Publikationen zu diesem Thema.

Edkimo (edkimo.com): Edkimo ist eine Feedback-App, die von einem Berliner Lehrer entwickelt wurde. Laut Eigenwerbung handelt es sich um eine *„App, die wirksames Feedback im Lernprozess schnell und einfach ermöglicht. Mit Edkimo können Lehrkräfte mühelos und in Echtzeit ein konstruktives und anonymes Feedback von ihrer Lerngruppe einholen und direkt besprechen."* [115] In einem Spiegel-Online Beitrag wird das Tool von einem Autorenteam, das im Auftrag der Bertelsmann-Stiftung eine weltweite Recherche über Einsatzmöglichkeiten digitaler Medien in Klassenräumen unternahm, sehr positiv eingeschätzt. [116]

FeedbackSchule (http://wp.feedbackschule.de/): In einer Ausgabe des Deutschen Philologenverbandes (Profil 10/2016) wurde das Tool im Rahmen eines Beitrages zum Thema „Visible Feedback" wie folgt vorgestellt: *„FeedbackSchule ist ein Online-System zum Einholen von Schüler-Lehrer-Feedback und Kollegen-Feedback. Es ermöglicht, unmittelbare, aussagekräftige und kriteriengeleitete Rückmeldungen auf einer evidenzbasierten Grundlage mit geringem Zeitaufwand. Das Austeilen, Einsammeln und Auswerten von Fragebögen per Hand wird dadurch überflüssig. Lehrpersonen können Fragebögen zu ihrem Unterricht oder anderen schulisch relevanten Bereichen an ihre Klassen weitergeben und innerhalb weniger Minuten und absolut anonym per Smartphone-App oder Webanwendung beantworten lassen. Als Fragebögen stehen wissenschaftlich untersuchte Items zur Verfügung, die durch individuelle Fragen ergänzt werden können. Alle Fragen werden mithilfe einer vierstufigen Skala von ‚trifft nicht zu' bis ‚trifft zu' beantwortet. Zusätzlich sind freie Anmerkungen möglich, wenn die Lehrperson dies wünscht. Alle Ergebnisse sind unmittelbar abrufbar, werden graphisch aufbereitet und sind nur für die Lehrperson einsehbar."* [117]

IQES-Online (www.iqesonline.net): IQES online ist eine Web-Plattform für Qualitätsentwicklung und Selbstevaluation in Schulen. Sie ist in der Schweiz beheimatet. Der Anbieter verfügt über ein leicht zu handhabendes Umfragetool mit vielen bereits ausgearbeiteten Fragebögen zu unterrichtsrelevanten Fragestellungen. Darüber hinaus bietet er bei der Entwicklung und Sicherung der Schul- und Unterrichtsqualität umfangreiche Materialien und Praxisberichte an.

Die letztgenannten drei Anbieter sind kostenpflichtig. Erfahrungsgemäß sind die Lizenzkosten über den sog. Lernmitteletat abrechenbar.

---

[114] https://leererschreibtisch.de/index.php?title=Edkimo. (Aufruf: 21.2.19).

[115] https://edkimo.com/feedback-instrumente-papiertafel/. (Aufruf: 21.2.19)

[116] Vgl. http://www.spiegel.de/lebenundlernen/schule/computer-im-unterricht-die-besten-beispiele-fuer-digitale-schule-a-1198843.html. (Aufruf: 21.2.19).

[117] https://www.profil-dphv.de/wp-content/uploads/Profil_10_2016.pdf#page=23%20_blank. (Aufruf: 21.2.19).

Kollegiales Feedback

Kollegen beobachten sich gegenseitig im Unterricht und melden diese Beobachtungen zurück. Diese Art der Rückmeldung zielt auf die Qualitätsverbesserung des eigenen Unterrichts durch den Gedankenaustausch mit Kollegen ab.

Wie kann das funktionieren?[118]

Damit Kollegialfeedback als selbstverständlicher Teil einer selbstreflexiven Berufspraxis und einer unterstützenden Feedbackkultur einer Schule als lohnenswerte Sache erlebt werden kann, empfiehlt sich ein schrittweiser, sorgfältiger Aufbau. Die kollegiale Hospitation wird in der Regel als Schul- und Unterrichtsentwicklungsmaßnahme einer ganzen Schule verstanden und ist demzufolge eher ein Thema für Band 2. Eine lernorientierte Schule wird sich ausreichend Zeit zu nehmen haben, um den Lehrerinnen und Lehrern zu ermöglichen, selber die Sinnhaftigkeit eines Kollegialfeedbacks zu finden. Eine gute, vorbereitete Einführung hilft, eine Vertrauens- und Kooperationskultur zu entwickeln, die den Erfahrungsschatz im Kollegium zum Vorteil aller nutzt.

Gleichwohl kann dieses Verfahren auch im kleinen, individuellen Rahmen sehr sinnvoll sein und sich positiv auf den eigenen Unterricht auswirken. Zunächst suche man sich eine vertrauenswürdige Lehrkraft. Mit ihr sind dann einige vorbereitende Überlegungen sinnvoll:

- Ziele und Haltungen klären
- Sinnfindung und Eigenmotivierung ermöglichen
- Rahmenbedingungen vereinbaren
- Beobachtungsschwerpunkte festlegen

Alles Weitere wird sich dann im Prozess ergeben. Schülerinnen und Schüler nehmen übrigens durchaus wahr, dass sie nun beobachtet werden. Daher sollte ihnen erläutert werden, wofür die zusätzliche Lehrkraft benötigt wird. Zumal es wünschenswerter Gesprächsgegenstand zwischen den zu beobachtenden Lehrkräften und ihrer Lerngruppe werden kann.

Zusammenfassung

Unbestritten ist: Schülerinnen und Schüler im Lehr- und Lernprozess Gestaltungsrecht einzuräumen, hilft beiden Seiten: der Lehrkraft mit einem Feedback zu der Passgenauigkeit ihres Unterrichtsangebots, den Schülerinnen und Schülern durch eine – über die Rückmeldung – erst zu ermöglichende Individualisierung. Unbestritten ist auch: Der Schlüssel liegt in der richtigen Auswahl des eingesetzten Feedbackinstruments. Was schon mehrfach beim Einsatz digitaler Medien beschrieben wurde, gilt auch hier: Man muss Erfahrungen sammeln. Ich selbst bin am besten damit gefahren, formative Instrumente eher im Lehr- und Lernprozess einzusetzen (SEB, kurze und schnelle Feedbacks zu den in der Unterrichtsstunde eingesetzten Lehr- und Sozialformen), summative Instrumente eher bei Lernstandsanalysen und Abschlussevaluationen am Ende einer Unterrichtseinheit. Diese Systematisierung ist den Schülerinnen und Schülern bekannt zu machen, da damit eine beiderseitige Akzeptanz entsteht.

Für ein noch größeres Vertrauen in die eigene Unterrichtsarbeit sorgt darüber hinaus das Instrument einer externen Evaluation. Das kann in der Schule selbst über eine kollegiale Hospitation organisiert werden, außerhalb der Schule durch die regelmäßige Teilnahme an Lernstandserhebungen oder durch die Einbeziehung von Schul- und Unterrichtsentwicklungsberaterinnen und -beratern.

Auf diese und weitere Aspekte / Instrumente der externen Evaluation wird in Band 2 noch ausführlicher eingegangen, da sie ihren (Einsatz-)Schwerpunkt vor allem im Qualitätsmanagement und damit bei der Rückmeldung zu gesamtschulischen Schul- und Unterrichtsentwicklungsaktivitäten haben.

---

[118] Vgl. https://ines.bildung-rp.de/fileadmin/user_upload/ines.bildung-rp.de/kollegiale_Hospitation_Praxistipps.pdf. (Aufruf: 21.2.19) und https://www.iqesonline.net/index.cfm?id=63341753-1517-6203-6058-F844F0A7952C. (Aufruf: 21.2.19).

„Nichts in der Geschichte des Lebens ist beständiger als der Wandel."

(CHARLES DARWIN)

Kapitel 9 – Indikatoren für guten Unterricht in der analogen und digitalen Welt

Was Sie in diesem Kapitel erwartet

- Indikatoren zur Lehrkraftpersönlichkeit
- Indikatoren zum gelingenden Umgang mit heterogenen Lerngruppen
- Indikatoren zur gelingenden Integration digitaler Medien

Wie könnte ein Unterricht aussehen, den möglichst alle Schülerinnen und Schüler gern und erfolgreich besuchen – einen Unterricht, der wesentlich dazu beiträgt, Kompetenzen zu erwerben, um in der Schule, im privaten und beruflichen Leben Herausforderungen verantwortungsvoll meistern und zur Mitgestaltung von Gemeinschaft beitragen zu können? Eine Antwort ist das im Kapitel 6 vorgestellte Prozessmodell. Eine weitere Antwort ist eine stärkere Individualisierung durch Kompetenzorientierung (vgl. Kapitel 2). Nach Landwehr[119] wird Kompetenz als eine qualitative Wirkungsbeschreibung verstanden (als Beschreibung einer erwünschten Ergebnisqualität des Lernens bzw. des Unterrichtens). Kompetenzen sind mehrdimensional: Sie setzen sich zusammen aus:

- Kenntnissen (Wissen)
- Fähigkeiten und Fertigkeiten (Können)
- Bereitschaften und Haltungen

Können steht im Vordergrund, denn Wissen allein genügt nicht. *„Wissen gilt als Voraussetzung, um damit Handeln zu können. (,Mit dem erworbenen Wissen etwas anfangen können')."*[120]

Mit Kompetenzorientierung wiederum wird ein Zusammenhang zwischen der Prozessqualität des Unterrichts und der erwünschten Ergebnisqualität geschaffen. Kompetenzorientierung ist zunächst keine wahrnehmbare Prozessqualität des Unterrichts. Sie formt sich erst, wenn ich einen Zusammenhang von Unterrichtsqualität und Wirkungsqualität herstelle. Dieser Zusammenhang basiert auf gewissen Annahmen, die meist nicht empirisch gewonnen wurden, sondern via Plausibilität hergestellt werden.[121]

Es geht vor allem nicht darum, jeder Schülerin und jedem Schüler täglich, wöchentlich ein eigenes Aufgabenspektrum bereitzustellen. Das ist kaum zu bewerkstelligen. Es ist schon viel getan, wenn man eine dreifache Stufung vornimmt[123]:

A – Mindeststandard

Zunächst ist das Mindestniveau dadurch markiert, dass nach Möglichkeit alle Schülerinnen und Schüler, also auch die Schwächsten, dieses Niveau erreichen sollten. Gleichzeitig muss man umgekehrt davon ausgehen,

---

[119] Vgl. https://www.edubs.ch/unterricht/lehrplan/volksschulen/einfuehrung-lehrplan-21/tagung-zwei-jahre-lehrplan-21/unterlagen-zu-den-workshops-vom-nachmittag/workshop-18-norbert-landwehr-woran-erkennt-man.pdf/download. (Aufruf: 21.2.19).
[120] Ebd.
[121] Vgl. Ebd.
[122] Vgl. Ziener, G.: Bildungsstandards in der Praxis. Kompetenzorientiert unterrichten. Kallmeyer 2010.

dass diejenigen Schülerinnen und Schüler, die über dieses Mindestniveau nicht verfügen, das Unterrichtsziel nicht erreicht hätten.

Als Beispiel nennt Ziener für ein nicht erreichtes Mindestniveau einen Grundschüler, der nur über Kenntnis von 13 statt 26 Buchstaben verfügt und damit zwar die Hälfte aller Buchstaben kennt, „damit aber nicht über eine ausreichende Kompetenz" verfügt, um einen Text zu lesen oder zu verfassen.

B – Regelstandard

Zieners Regelstandard beschreibt eine durchschnittliche Beherrschung des Unterrichtsstoffes, also *„dasjenige Kompetenzniveau, das alters- und schulartspezifisch für realistisch, das heißt sachgerecht und zumutbar gehalten wird"*[123] und das *„sowohl unter- als auch überschritten werden wird"*[124].

C – Expertenstandard

„Experten- oder Maximalstandards formulieren ein theoretisch erreichbares Höchstniveau an Kompetenzen; ihre Formulierung orientiert sich weniger an realen Schülerleistungen als eher am fachwissenschaftlichen Wortsinn des jeweiligen Kompetenzstandards."[125]

Eine dritte Antwort zu „Wie könnte ein Unterricht aussehen, den möglichst alle Schülerinnen und Schüler gern und erfolgreich besuchen?", liefert die Metaanalyse von John Hattie.

Im Rahmen der Fortbildungsinitiative „Kompetenzorientiertes Unterrichten" entstanden Handreichung und Flyer zur Einführung in das Prozessmodell. Dort heißt es (u.a.):

„Lernende erwerben im Prozessmodell Kompetenzen dadurch, dass sie selbst aktiv sind. Sie brauchen dazu die Unterstützung ihrer Lehrerinnen und Lehrer. Wesentliche Aktivitäten und Verantwortlichkeiten von Lernenden und von Lehrenden sind in den einzelnen Handlungsfeldern aufgeführt. Entscheidend für das Gelingen der Lehr-Lernprozesse ist, dass die Aktivitäten der Lehrenden und Lernenden immer wieder im Dialog aufeinander abgestimmt werden und so ein gegenseitiges Verständnis für das jeweilige Handeln entsteht. Wie die Forschung zeigt, liegt in wechselseitigem Lernen voneinander ein Schlüssel für erfolgreichen Unterricht. Die Handlungsfelder im Prozessbild geben Orientierung für die Gestaltung von Lehr-Lernprozessen. Beispielsweise ist es für den Lernerfolg der Schülerinnen und Schüler sehr förderlich, wenn Lehrpersonen regelmäßig Informationen zur Lernentwicklung der Lernenden und Rückmeldungen zur Unterrichtsgestaltung einholen, diese für das weitere Vorgehen nutzen und ihrerseits Feedback an die Lernenden geben. Das Handlungsfeld ‚Orientierung geben und erhalten' beschreibt also nicht eine ‚Etappe' oder eine ‚Station' des Lehr-Lernzyklus, sondern eine grundsätzliche Aufgabe, deren Bewältigung auf der Basis einer entsprechenden Haltung von Lehrenden und Lernenden und der notwendigen Kompetenzen gelingen kann. Es liegt nahe, dass Lehrende und Lernende angesichts ihrer vielfältigen Aufgaben im Unterricht eine Unterstützung durch Modelle für langfristige Kompetenzentwicklung, geeignete Instrumente für die Feststellung individueller Lernstände und darauf bezogene Materialien zur Förderung individueller Lernentwicklung benötigen."[126]

Vielfache Klage ist: Die Selbsteinschätzungsbögen (SEB) kosten viel Zeit. Ja, es stimmt, auf der anderen Seite gewinnt man zunehmend Routine, arbeitet mehr in Kooperation mit Kolleginnen und Kollegen und nutzt darüber hinaus die Kompetenz der Schülerinnen und Schüler, mit denen man ebenfalls die SEB gemeinsam entwickeln kann.

Im Kapitel 7 finden sich weitere Werkzeuge. Höchstmöglicher Erkenntnisgewinn für die Schülerinnen und Schüler ist immer dann gegeben, wenn man als Lehrkraft sehr zeitnah eine Rückmeldung zum Lernprozess

---

[123] Ebd. S. 62.
[124] Ebd.
[125] Ebd. S. 63.
[126] http://lakk.sts-gym-marburg.bildung.hessen.de/grundlagenpapiere/Prozessmodell-Flyer_2010-07-01-HP.pdf. (Aufruf: 21.2.19).

gibt. Diese Feedbacksteuerung bis hin zur Einladung an die Schülerinnen und Schüler, auch selbst aktiv zu werden, wenn sie eine Rückmeldung benötigen, ist ein unverzichtbares Element guten Unterrichtens. Apropos guter Unterricht: In Kapitel 3 werden dazu einige Forschungsergebnisse bzw. Kriterien vorgestellt, analog und digital. Lehrkräfte können anhand der folgenden Indikatoren prüfen, welche Bereiche sie bereits gut können und welche sie möglicherweise noch einmal genauer in den Blick nehmen sollten.

Indikatoren zur Lehrkraftpersönlichkeit

Das Studienseminar Marburg hat bezüglich Lehrerinnen- und Lehrerpersönlichkeit folgende Indikatoren aufgelistet, die dabei helfen sollen zu überprüfen, ob die Lehrkraft die angesprochene Eigenschaft genügend im Blick hat(te):

„Auftreten und Ausstrahlung (...)

- *Verbal- und Körpersprache der Lehrkraft stimmen überein.*
- *Die Lehrkraft unterstützt die verbale Kommunikation durch begleitenden Blickkontakt.*
- *Sie hat eine aufrechte Körperhaltung vor der Klasse.*
- *Sie setzt ihre Stimme in einer mittleren, gut modulierbaren Stimmlage ein (Zwerchfellatmung), verbunden mit klarer Artikulation. (...)*

Kontakt- und Empathiefähigkeit

- *Die Lehrkraft strahlt Wärme, Zuwendung, Toleranz und Authentizität aus.*
- *Sie steht für einfühlendes Verstehen aller Belange der Lernenden und für einen sensiblen Umgang mit ihnen bei gleichzeitigem Vertrauen in ihr Können und entsprechender Herausforderung.*
- *Sichtbar wird die Entwicklung einer vertrauensvollen und gleichzeitig professionellen Beziehung zwischen Lehrkraft und Lernenden (auf Sachebene und Beziehungsebene). (...)*

Wertschätzung

- *Die Interaktion zwischen Lehrenden und Lernenden erfolgt auf der Basis gegenseitigen Respekts.*
- *Die Praxis der Achtsamkeit (gelingende Selbstkontrolle und Selbststeuerung, bezogen auf Lernende und Lehrende) wird berücksichtigt.*
- *Ein ernsthaftes Interesse der Lehrkraft an den Lernenden und Aufmerksamkeit für ihre Ideen und Vorstellungen ist erkennbar.*
- *Raum für persönliches Wachstum und Entwicklungsprozesse der Schülerinnen und Schüler wird gegeben.*
- *Unvoreingenommene und wertschätzende Kommunikation in der Lerngruppe wird gefördert. (...)*

Freude und Begeisterung

- *Die Lehrkraft verfügt über eine glaubwürdige und deutlich spürbar positive Einstellung gegenüber dem Fach und dem Lerngegenstand sowie gegenüber der Arbeit mit den Lernenden. (...)*

Klares und flexibles Agieren (...)

- *Die Lehrkraft kann situationsangemessen und flexibel agieren, sie weicht ggf. auch von ihrer Planung ab.*
- *Sie zeigt Konfliktfähigkeit und Strategien konstruktiver Konfliktbewältigung bei Konflikten zwischen Lehrenden und Lernenden sowie innerhalb der Lerngruppe.*
- *Zuverlässigkeit und Gewissenhaftigkeit kennzeichnen die Lehrkraft und ermöglichen die Berechenbarkeit ihres Lehrerhandelns.*

Klarheit des Rollenverständnisses / Selbstreflexion (...)

- *Die Lehrkraft verkörpert die jeweilige Rolle durch Authentizität, Glaubwürdigkeit, Berechenbarkeit und Fachkompetenz.*
- *Sie verfügt über eine realistische Selbst- und Fremdwahrnehmung im Rahmen der Lehrer-Schüler-Interaktion.*
- *Sie zeigt Bereitschaft und Fähigkeit zur Selbstreflexion in ihrer Rolle als Lehrkraft.*
- *Sichtbar wird ein ausgewogenes Verhältnis von Nähe und Distanz zwischen Lehrkraft und Lernenden.*

- *Sie nimmt die Rolle als Führungskraft gegenüber den Schülerinnen und Schülern ein mit der Konsequenz, in verschiedenen Situationen unterschiedliche Güter gegeneinander abzuwägen und dann Entscheidungen zu treffen und zu begründen."*[127]

Indikatoren zum gelingenden Umgang mit heterogenen Lerngruppen

Heymann stellte zur Gestaltung des Unterrichts in heterogenen Lerngruppen einige Gelingensbedingungen auf:

- *„Meine Aufgaben fordern heraus, wecken Neugier und können auf unterschiedlichen Bearbeitungswegen und Niveaus bearbeitet werden.*
- *Meine Themen verbinden möglichst oft Sacherschließung mit Erlebnis und Anschauung.*
- *Meine angebotenen Zugänge aktivieren unterschiedliche Intelligenzen und berücksichtigen unterschiedliche Kompetenzen.*
- *Meine Übungen werden variabel, anregend und ,intelligent' gestaltet.*
- *Ich habe lernstarke Schülerinnen und Schüler genauso im Blick wie lernschwache Schülerinnen und Schüler.*
- *Meine Kompetenzorientierte Lernbegleitung und Beurteilung nehmen die individuelle Kompetenzentwicklung in den Blick. Ich biete dazu (in Auswahl) an: Portfolio, individuelle Bezugsnorm, verpflichtende Beratungsgespräche, Förderpläne.*
- *Meine Unterrichtsgestaltung ist so angelegt, dass jede Schüler*in seine/ihre Lernfortschritte kontinuierlich erfahren kann.*
- *Meine Rückmeldung/Beurteilung als Lehrkraft wird ergänzt durch Verfahren der Selbstbewertung und -kontrolle sowie Mitschüler-Feedback.*
- *Mein besonderes Augenmerk ist darauf ausgerichtet, beim Eindringen in neue Gebiete die Anfänge zu sichern und individuelle Lücken, wo sie erkennbar werden, rasch zu schließen.*
- *Meine projektartigen Aktivitäten bieten vorzügliche Möglichkeiten, in Binnendifferenzierung einzusteigen.*
- *Ich erkenne in einem fragend-entwickelnden Unterrichtsgespräch vor allem dann Differenzierungsqualität, wenn ich in diesem Unterrichtsgespräch die Schüler nicht in erster Linie als Informanten über einen unterstellten kollektiven Lernstand anspreche, sondern sie als Schülerpersönlichkeiten mit individuellen Stärken und Schwächen ansehe."*[128]

Indikatoren zur gelingenden Integration digitaler Medien

Mit Blick auf die Nutzung digitaler Medien im Klassenzimmer schlägt Meyer folgende Prüfsteine vor:

- *„Kognitive und emotionale Aktivierung: Ist es gelungen, die Schülerinnen und Schüler durch geschickte, am Leistungsstand orientierte Aufgabenstellungen und durch das digitale Medienangebot kognitiv zu aktivieren und zugleich Spaß an der Arbeit zu vermitteln?*
- *Sinnstiftung: Gelingt das sinnstiftende Kommunizieren über die digitale Welt, über Voraussetzungen, Strukturen und Konsequenzen im Globalisierungsprozess? (durch Erfahrungsaustausch, Diskussion, Vorbild der Lehrperson?)*
- *Reflexive Distanz: Hilft der Unterricht den Schülerinnen und Schülern, reflexive Distanz zur eigenen Mediennutzung herzustellen? Wird über Sinn und Unsinn, Stärken und Gefahren der neuen Medien nachgedacht?*
- *Hohes Niveau der Individualisierung und der Selbststeuerung: Wird das hohe Potenzial für die Individualisierung und Selbststeuerung der Lernprozesse genutzt? Gelingt es den Schülern, ihre individuellen Stärken zu stärken und ihre Schwächen zu schwächen?*

---

[127] http://lakk.sts-gym-marburg.bildung.hessen.de/grundlagenpapiere/broschure_lehrkrafteakademie_in_teraktiv_v1_end_ms_09062017.pdf. S. 7ff. (Aufruf: 21.2.19).
[128] Vgl. https://li.hamburg.de/contentblob/4138846/e0d6a548046b31802b7570bfb95a8386/data/download-forum-sek-ii-2013-akzente-fuer-einen-lernwirksamen-unterricht.pdf. (Aufruf: 21.2.19).

Für die einzelnen Lehrerinnen und Lehrer:

- *„personal benefit": Wird die Arbeit mit den digitalen Medien als persönliche Bereicherung wahrgenommen? Hält sich die Arbeitsbelastung in Grenzen? Entspricht der Arbeitsaufwand für Vorbereitung und Durchführung dem Arbeitsertrag? Macht das Unterrichten mehr Spaß?*
- *Umgang mit Heterogenität: Helfen die digitalen Medien beim Umgang mit heterogenen Lerngruppen. Hilft dies auch den Leistungsschwächeren? Sind die eingesetzten Medien geeignet, das kooperative Lernen zu unterstützen? Ergänzen sie andere im Unterricht genutzte Lerngerüste wie Peer-Tutoring, Feedback usw.?*
- *Praktikabilität: Ist der Klassenraum so vorbereitet, dass störungsarm gearbeitet werden kann? Sind die eingesetzten Medien brauchbar im Alltagsbetrieb?"* [129]

Aus eigener Erfahrung ist es wichtig zu akzeptieren, dass die Umsetzung Zeit benötigt. Und: Was bei der einen Lerngruppe funktioniert, muss bei der anderen nicht automatisch auch klappen. Für mich entwickelte sich einmal eine große Zufriedenheit, als die Schülerinnen und Schüler eine Klausur im Grundkurs Integralrechnung mit Ergebnissen nicht schlechter als sechs Punkte (4+) abschlossen. Die Rückmeldungen der Schülerinnen und Schüler waren seinerzeit, dass vor allem die fast dreiwöchige Phase, in der sie die Selbstverantwortung für die Vorbereitung und den Abschluss der Unterrichtseinheit trugen, der größte Gewinn war. Ich wäre als Lehrkraft jederzeit ansprechbar gewesen und hätte individuell nachgesteuert. Das, so ihre weitere Aussage, würden sie sich für alle Fächer wünschen. Und da sind wir dann beim nächsten Thema: Wie lösen sich die Lehrkräfte von der individuellen Gestaltung zugunsten einer eher schulweit organisierten und akzeptierten Unterrichtsgestaltung. Denn die Gelingensbedingungen von Heymann dürfen nicht nur individuell interpretiert werden, wie ein Blick in den Hessischen Referenzrahmen (HRS) deutlich macht.[130] Demnach gelingt guter Unterricht umso mehr, wenn …

- Kenntnisse und Fähigkeiten systematisch aufgebaut und „intelligent" geübt bzw. vertieft werden.
- er Anwendungssituationen enthält, um den Erwerb fachlicher wie überfachlicher Kompetenzen zu ermöglichen.
- Schülerinnen und Schüler in kooperativen Lernformen gemäß ihrem individuellen Stand und ihrer Leistungsfähigkeit sowohl gefördert als auch gefordert werden.
- Lern- und Bewertungssituationen im Unterricht voneinander getrennt sind und Bewertungskriterien verbindlich im Kollegium abgesprochen sind.
- Reflexionsphasen der Lehr- und Lernprozesse regelmäßig stattfinden und verbindlich im Kollegium verabredet sind.

Mit Blick auf den Einsatz digitaler Medien im Klassenzimmer formuliert Hattie weitere Gelingensbedingungen:

- *„Der Computereinsatz führt zu stärkeren Effekten, wenn insgesamt Methodenvielfalt praktiziert wird.*
- *Der Computereinsatz führt zu stärkeren Effekten, wenn vorher ein Lehrertraining stattgefunden hat.*
- *Der Computereinsatz führt zu stärkeren Effekten, wenn es vielfältige Lernangebote und einen hohen Anteil an echter Lernzeit gibt.*
- *Der Lernerfolg erhöht sich, wenn die Schüler die Kontrolle über ihren Lernprozess haben.*
- *Kooperatives Lernen (peer learning) verstärkt die positiven Effekte."* [131]

[129] https://www.uni-oldenburg.de/fileadmin/user_upload/informatik/ag/didaktik/INFOSVORTRAG_2017_HilbertMeyer.pdf. (Aufruf: 21.2.19).

[130] Vgl. https://lehrkraefteakademie.hessen.de/sites/lehrkraefteakademie.hessen.de/files/content-downloads/A%2024%2C%20Juni%2014%2C%20 Abitur.pdf. S. 21. (Aufruf: 21.2.19).

[140] https://www.uni-oldenburg.de/fileadmin/user_upload/informatik/ag/didaktik/INFOSVORTRAG_2017_HilbertMeyer.pdf. S. 28. (Aufruf: 21.2.19).

Ausblick auf Band 2

Und Meyer ergänzt zu den o. g. Prüfsteinen im Blick auf die Unterrichtsentwicklung der ganzen Schule:

- *„Kooperationsniveau: Wird der Medieneinsatz genutzt, um die Kooperation im Kollegium und mit den Eltern zu stärken?*
- *Akzeptanz: Wird die durch den Einsatz der digitalen Medien hervorgebrachte neue Unterrichtskultur von allen Lehrpersonen akzeptiert oder nur von den Medien-Fans im Kollegium? Gelingt es, auch die Medienmuffel einzubinden?*
- *Nachhaltigkeit der Nutzung: Bewähren sich die eingesetzten Medien im Unterrichtsalltag? Gelingt es, die neuen Bausteine der Unterrichtskultur auf Dauer in den alltäglichen Schulbetrieb einzufädeln oder nicht?"*[132]

Genau das, nämlich wie kommen wir zu verbindlichen Vereinbarungen, die schulweit für eine „Gute Schule in der digitalen Welt" Akzeptanz finden, ist nun das Thema im nächsten Band.

---

[132] Ebd. S. 31.

Literatur

Baacke, D.: Kommunikation und Kompetenz – Grundlegung einer Didaktik der Kommunikation und ihrer Medien. Juventa 1973.

Bastian, J. / Aufenanger, S. (Hrsg): Tablets in Schule und Unterricht. Forschungsmethoden und -perspektiven zum Einsatz digitaler Medien. Springer VS 2017.

Bastian, J. / Combe, A. / Langer, R.: Feedback-Methoden. Beltz-Verlag 2007.

Blum, W. / Drüke-Noe, Ch. / Hartung, R. / Köller, O. (Hrsg.): Bildungsstandards Mathematik konkret. Sekundarstufe I: Aufgabenbeispiele, Unterrichtsanregungen, Fortbildungsideen. Cornelsen Scriptor. 2006.

Fengler, J.: Feedback geben. Strategien und Übungen. Beltz 2017.

Hattie, J.: Lernen sichtbar machen. Schneider Verlag GmbH 2014.

Hattie, J.: Visible Learning for teachers. Routledge 2011.

Hessisches Kultusministerium: Hessischer Referenzrahmen (HRS), Institut für Qualitätsentwicklung, Wiesbaden, 2008.

Jackson, R.: Arbeiten Sie nie härter als ihre Schüler. Beltz-Verlag 2009.

Muuß-Merholz, J.: Freie Unterrichtsmaterialien finden, rechtssicher einsetzen, selbst machen und teilen. Beltz Verlag 2018.

Praxisbuch: Bildungsstandards Mathematik: konkret – Sekundarstufe I: Aufgabenbeispiele, Unterrichtsanregungen. Cornelsen 2016.

Rolff, H. G. (Hrsg.): Handbuch Unterrichtsentwicklung. Beltz-Verlag 2015.

Schulmanagement-Handbuch 159. Oldenburg-Verlag 2016.

Schumacher, R.: Kognitive Aktivierung. Schulmanagement-Handbuch 163, Oldenburg Verlag 2017.

Stanat. P.: Kompetenzorientierte Bildungsstandards – eine Auseinandersetzung mit kritischen Einwänden. Aus Schulmanagement Handbuch 166.

Strahm, P.: Qualität durch systematisches Feedback. Schulverlag blmv AG Bern 2008.

Zeaiter, H. (Hrsg.): Inverted Classroom – The next stage. Tectum-Verlag 2017.

Ziener, G.: Bildungsstandards in der Praxis. Kompetenzorientiert unterrichten. Kallmeyer 2010.

Links

https://www.zeit.de/2012/37/Schule-Digitale-Medien-Unterricht/seite-2. (Aufruf: 12.2.19).

https://www.zeit.de/2012/37/Schule-Digitale-Medien-Unterricht/seite-2. (Aufruf: 12.2.19).

https://www.joeran.de/digitalisierung-fuer-individuelle-foerderung/. (Aufruf: 12.2.19).

http://www.avr-emags.de/emags/didacta/didacta_1_2018/#0. (Aufruf: 12.2.19).

https://www.gew-bw.de/aktuelles/detailseite/neuigkeiten/was-guten-unterricht-kennzeichnet/. (Aufruf: 12.2.19).

https://li.hamburg.de/contentblob/4138846/e0d6a548046b31802b7570bfb95a8386/data/download-forum-sek-ii-2013-akzente-fuer-einen-lernwirksamen-unterricht.pdf. (Aufruf: 12.2.19).

https://www.youtube.com/watch?v=783tLgLbtcg. (Aufruf: 12.2.19).

http://www.faz.net/aktuell/beruf-chance/campus/roboter-als-dozent-ist-das-der-professor-von-morgen-15254645-p2.html. (Aufruf: 12.2.19).

https://www.newclassrooms.org/. (Aufruf: 12.2.19).

https://www.tagesspiegel.de/weltspiegel/sonntag/digitale-kindheit-school-of-one-technik-im-klassenzimmer/12249046.html. (Aufruf: 12.2.19).

https://www.digitalisierung-bildung.de/2016/02/19/besuch-der-praxis-steve-jobs-school-amsterdam/. (Aufruf: 12.2.19).

https://aufenanger.de/besuch-der-steve-jobs-schulen-in-den-niederlanden/. (Aufruf: 12.2.19).

www.clearinghouse-unterricht.de. (Aufruf: 12.2.19).

https://www.focus.de/wissen/mensch/campus/bildungsstandards/theorie/eckhard-klieme_aid_15531.html. (Aufruf: 13.2.19).

http://www.humboldtgesellschaft.de/inhalt.php?name=humboldt. (Aufruf: 20.2.19).

https://www.bmbf.de/pub/Bildungsforschung_Band_1.pdf. (Aufruf: 13.2.19).

http://lakk.sts-ghrf-ruesselsheim.bildung.hessen.de/modul/mathe_hr_modul_a/Rechtliche_Grundlagen/Hoefer_et_al_-_Kompetenzorientiertes_Unterrichten.pdf. (Aufruf: 21.2.19).

https://www.pedocs.de/volltexte/2014/9596/pdf/Schulmanagement_2010_6_Koerber_Kompetenzorientieung_vs_Inhalte.pdf. (Aufruf: 13.2.19).

https://www.kmk.org/fileadmin/veroeffentlichungen_beschluesse/2010/2010_00_00-Konzeption-Bildungsstandards.pdf. (Aufruf: 13.2.19).

https://www.edubs.ch/unterricht/lehrplan/volksschulen/einfuehrung-lehrplan-21/tagung-zwei-jahre-lehrplan-21/unterlagen-zu-den-workshops-vom-nachmittag/workshop-18-norbert-landwehr-woran-erkennt-man.pdf/download. (Aufruf: 13.2.19).

http://www.forumbd.de/dialog/das-muss-schule-leisten-prof-bos-von-der-tu-dortmund-im-dialog/. (Aufruf: 13.2.19).

http://www.teachsam.de/medien/medienpaed/medienkompetenz/medienkomp_3_6.htm (Abruf 19.2.2019).

https://www.medienpass.nrw.de/sites/default/files/media/page/images/Unterrichtsbeispiele%20Medienkompetenzrahmen_NRW.pdf. (Aufruf: 13.2.19).

https://www.gesetze-im-internet.de/urhg/___60a.html (Aufruf 29.2.19) und https://www.gesetze-im-internet.de/urhg/___60b.html. (Aufruf: 20.2.19).

https://www.hamburg.de/contentblob/7021824/b189b109f4384194c050afece0a3bff7/data/hms-3-16.pdf. (Aufruf: 21.2.19).

https://www.uni-oldenburg.de/fileadmin/user_upload/informatik/ag/didaktik/INFOSVORTRAG_2017_HilbertMeyer.pdf. (Aufruf: 14.2.19).

https://li.hamburg.de/contentblob/4138846/e0d6a548046b31802b7570bfb95a8386/data/download-forum-sek-ii-2013-akzente-fuer-einen-lernwirksamen-unterricht.pdf. (Aufruf: 14.2.19).

http://lakk.sts-gym marburg.bildung.hessen.de/grundlagenpapiere/broschure_lehrkrafteakademie_in_teraktiv_v1_end_ms_09062017.pdf. (Aufruf: 14.2.19).

http://library.fes.de/pdf-files/studienfoerderung/13277.pdf. (Aufruf: 14.2.19).

https://www.gew-bw.de/aktuelles/detailseite/neuigkeiten/was-guten-unterricht-kennzeichnet/. (Aufruf: 14.2.19).

http://www.lehr-lern-modell.de/guterunterricht. (Aufruf: 14.2.19).

http://www.lmz-bw.de/stefan-aufenanger-dimensionen-medienkompetenz.html. (Aufruf: 20.2.19).

http://integrate2learn.de/2017/07/05/digitale-taxonomie-samr/. (Aufruf: 20.2.19).

http://sgo2016.pbworks.com/w/page/116225493/Das%20SAMR%20Modell. (Aufruf: 20.2.19).

https://www.bertelsmann-stiftung.de/fileadmin/files/BSt/Publikationen/GrauePublikationen/Studie_IB_iFoerderung_digitale_Medien_2015.pdf. (Aufruf: 20.2.19).

https://www.bertelsmann-stiftung.de/fileadmin/files/BSt/Publikationen/GrauePublikationen/Studie_IB_iFoerderung_digitale_Medien_2015.pdf. (Aufruf: 20.2.19).

http://sgo2016.pbworks.com/w/page/116225493/Das%20SAMR%20Modell. (Aufruf: 20.2.19).

https://www.bertelsmann-stiftung.de/fileadmin/files/BSt/Publikationen/GrauePublikationen/Studie_IB_iFoerderung_digitale_Medien_2015.pdf. (Aufruf: 20.2.19).

https://thatedtechguy.wordpress.com/2015/03/09/guide-using-the-samr-model-to-guide-learning/. (Aufruf: 20.2.19).

https://cyp.ch/blog/950-samr-modell?highlight=WyJzYW1yIl0=. (Aufruf: 19.2.2019).

https://li.hamburg.de/contentblob/4138846/e0d6a548046b31802b7570bfb95a8386/data/download-forum-sek-ii-2013-akzente-fuer-einen-lernwirksamen-unterricht.pdf. (Aufruf: 21.2.19).

http://robert-bosch-gesamtschule.de/curriculum/curriculum-7-jahrgang/. (Aufruf: 21.2.19).

https://docplayer.org/39752627-Hatties-big-ideas-fuer-die-schulische-praxis-teil-2-anregungen-fuer-einen-gelungenen-unterrichtsverlauf.html. (Aufruf: 21.2.19).

https://www.steinschule-nms.de/schulpreisauszeichnung.html. (Aufruf: 21.2.19).

https://www.youtube.com/watch?v=iqGJJDJYArM. (Aufruf: 21.2.19).

https://de.wikipedia.org/wiki/Wiki. (Aufruf: 21.2.19).

https://de.wikipedia.org/wiki/Blog. (Aufruf: 21.2.19).

http://www.hamburg.de/contentblob/7021824/b189b109f4384194c050afece0a3bff7/data/hms-3-16.pdf#page=22. (Aufruf: 21.2.19).

https://de.wikipedia.org/wiki/Umgedrehter_Unterricht. (Aufruf: 21.2.19).

https://magazin.sofatutor.com/lehrer/2014/04/11/ipad-klasse-modernes-und-multimediales-lehren-und-lernen/. (Aufruf: 21.2.19).

http://slides.com/taifun/deck-3-5#/. (Aufruf: 21.2.19).

https://www.iqesonline.net/index.cfm?id=BFC815BF-E166-118F-5AB8-C1885DFB3497. (Aufruf: 21.2.19).

http://methodenpool.uni-koeln.de/download/feedback.pdf. (Abruf: 19.2.2019).

https://wiki.zum.de/wiki/Sch%C3%BClerfeedback. (Aufruf: 21.2.19).

https://li.hamburg.de/contentblob/4138846/e0d6a548046b31802b7570bfb95a8386/data/download-forum-sek-ii-2013-akzente-fuer-einen-lernwirksamen-unterricht.pdf. (Aufruf 21.2.19).

https://lehrerfortbildung-bw.de/faecher/sport/gym/fb1/06_hand/handreichung_feedback.docx. (Aufruf: 21.2.19).

https://www.iqesonline.net/index.cfm?id=7558F7DE-5056-9456-D65F-AFCFF61D312C. (Aufruf: 21.2.19).

https://sonnigeeinsichten.jimdo.com/2017/10/31/audiokommentare-zur-klassenarbeit-mein-workflow/. (Aufruf: 21.2.19).

https://www.lernvisionen.ch/kursunterlagen/downloads/sus-feedback-instrumentenkoffer.pdf. (Aufruf: 21.2.19).

https://www.friedrich-verlag.de/fileadmin/redaktion/sekundarstufe/Paedagogik_und_Faecherueber greifende_Themen/Schulpaedagogik/Lernchancen/Leseproben/Lernchancen_86_Leseprobe_3.pdf. (Aufruf: 21.2.19).

https://lehrerfortbildung-bw.de/faecher/sport/gym/fb1/06_hand/handreichung_feedback.docx. (Aufruf: 21.2.19).

https://edkimo.com/feedback-instrumente-papier-tafel/. (Aufruf: 21.2.19).

https://leererschreibtisch.de/index.php?title=Edkimo. (Aufruf: 21.2.19).

http://www.spiegel.de/lebenundlernen/schule/computer-im-unterricht-die-besten-beispiele-fuer-digitale-schule-a-1198843.html. (Aufruf: 21.2.19).

https://www.profil-dphv.de/wp-content/uploads/Profil_10_2016.pdf#page=23%20_blank. (Aufruf: 21.2.19).

https://ines.bildung-rp.de/fileadmin/user_upload/ines.bildung-rp.de/kollegiale_Hospitation_Praxistipps. pdf. (Aufruf: 21.2.19).

https://www.iqesonline.net/index.cfm?id=63341753-1517-6203-6058-F844F0A7952C. (Aufruf: 21.2.19).

https://www.edubs.ch/unterricht/lehrplan/volksschulen/einfuehrung-lehrplan-21/tagung-zwei-jahre-lehrplan-21/unterlagen-zu-den-workshops-vom-nachmittag/workshop-18-norbert-landwehr-woran-erkennt-man.pdf/download. (Aufruf: 21.2.19).

http://lakk.sts-gym-marburg.bildung.hessen.de/grundlagenpapiere/Prozessmodell-Flyer_2010-07-01-HP.pdf. (Aufruf: 21.2.19).

https://li.hamburg.de/contentblob/4138846/e0d6a548046b31802b7570bfb95a8386/data/download-forum-sek-ii-2013-akzente-fuer-einen-lernwirksamen-unterricht.pdf. (Aufruf: 21.2.19).

https://www.uni-oldenburg.de/fileadmin/user_upload/informatik/ag/didaktik/INFOSVORTRAG_2017_HilbertMeyer.pdf. (Aufruf: 21.2.19).

https://lehrkraefteakademie.hessen.de/sites/lehrkraefteakademie.hessen.de/files/content-downloads/A%2024%2C%20Juni%2014%2C%20Abitur.pdf. (Aufruf: 21.2.19).

https://www.uni-oldenburg.de/fileadmin/user_upload/informatik/ag/didaktik/INFOSVORTRAG_2017_HilbertMeyer.pdf. (Aufruf: 21.2.19).

Flyer

Kompetenzorientiertes Lernen gestalten. Flyer zum Dialogbild des Landesinstituts für Lehrerbildung und Schulentwicklung Hamburg. 2009.

Zeitschriften

Hamburg macht Schule. Heft 3–2016.

Pädagogik 04–14. Beltz-Verlag.

Die Grundschulzeitschrift 237/2010.